Bank- und finanzwirtschaftliche Abhandlungen
Herausgegeben von Prof. Dr. W. Prion, Berlin
Zehntes Heft

Der Geld- und Kapitalmarkt der Schweiz

Von

Dr. Kurt Höweler
Diplomkaufmann

Berlin
Verlag von Julius Springer
1927

ISBN-13: 978-3-642-89887-7 e-ISBN-13: 978-3-642-91744-8
DOI: 10.1007/978-3-642-91744-8

Referent:

Professor Dr. W. Prion

Vorwort.

Die vorliegende Arbeit ist aus dem Bankseminar von Professor Dr. Prion an der Universität Köln hervorgegangen. Die Gedankengänge und Anschauungen, die im nachfolgenden vertreten sind, fußen auf der wissenschaftlichen Erkenntnis, die von meinem verehrten Lehrer in seinen Schriften niedergelegt sind. Es ist jedoch meine Pflicht hervorzuheben, daß ich Herrn Professor Dr. Prion nicht nur meine wissenschaftliche Ausbildung, sondern auch die Anregung zur Bearbeitung des hier behandelten Themas verdanke. Für Ratschläge hinsichtlich der formalen Behandlung des Stoffes bin ich Herrn Dr. Hasenack, Berlin, zu Dank verpflichtet. Bei der Darstellung hat mich der Gedanke geleitet — ausgehend von einem Querschnitt durch den Geld- und Kapitalmarkt der Vorkriegszeit —, die durch den Weltkrieg und seine Folgeerscheinungen hervorgerufenen Veränderungen zu schildern. Für den deutschen Leser dürfte es von besonderem Interesse sein, die Entwicklung in einem mit der heimischen Wirtschaft so eng verbundenen Lande, wie es die Schweiz ist, während einer Periode kennenzulernen, in der die Marktverhältnisse in Deutschland durch die Papiergeldinflation völlig verzerrt erscheinen.

Berlin, im September 1927.

Kurt Höweler.

Inhaltsverzeichnis.

I. Das Geld- und Bankwesen der Schweiz.

Die Begriffe Geld- und Kapitalmarkt werden in der Literatur keineswegs eindeutig gebraucht. Um Mißverständnissen vorzubeugen, sei daher zunächst festgelegt, daß in dieser Darstellung die Ausdrücke stets im folgenden Sinne gebraucht werden: Unter Geldmarkt ist der Markt kurzfristigen Leihkapitals zu verstehen, während auf dem Kapitalmarkt sich der Verkehr mit langfristigem Leihkapital vollzieht[1]. Da der Hypothekenkredit in der Schweiz zu 90% von den Banken befriedigt wird, ist dieser im vorliegenden Falle als Bestandteil des organisierten Kapitalmarktes aufzufassen.

Die Eigenart des Landes macht sich in der Gestaltung der Märkte vielfach bemerkbar. Sowohl die Staatsverfassung der Schweiz — der bundesstaatliche Charakter — wie auch die Zusammensetzung der Bevölkerung aus verschiedenen Nationalitäten üben eine bedeutsame Wirkung aus. Die geographische Natur des Landes wirkt eben nicht nur auf die politischen, sondern ebenso unmittelbar auf die wirtschaftlichen Verhältnisse ein. Die gleiche Ursache liegt auch der besonders innigen Verflechtung der Schweiz mit dem internationalen Geld- und Kapitalmarkt zugrunde. Ein Land erscheint, weltwirtschaftlich gesehen, zumeist überwiegend entweder als Gläubiger- oder als Schuldnerland; bei der Schweiz überwiegt die erstere Eigenschaft, aber gleichzeitig erscheint sie in einem Umfange wie kaum ein anderes Land der Welt als Vermittler, der fremdes Kapital aufnimmt und selbst wieder weiterverleiht. Die spröde Natur des Landes zwingt seine Bewohner, neben der Pflege des heimischen Gewerbefleißes und der hochentwickelten Agrarwirtschaft im Verkehr mit dem Auslande weitere Erwerbsquellen zu suchen.

Die Ordnung des Währungswesens und des Bankwesens sind die Grundlagen, die auf die Gestaltung des Geld- und Kapitalmarktes von weitgehendem Einfluß sind. Erst wenn man beides kennt, lassen sich manche Erscheinungen auf den beiden Märkten verstehen.

[1] Vgl. Prion, Art., Börsenwesen im Handwörterbuch der Staatswissenschaften. IV. Aufl. Bd. 2, S. 1080.

1. Das Geldwesen.

Nach dem harten, aber nicht unzutreffenden Ausdruck von Blaum hat die Schweiz im 19. Jahrhundert Münzparasitismus getrieben[1], d. h. sie hat für den einheimischen Geldbedarf nur eine ganz unzureichende Menge von Münzen geprägt und für die Bewältigung des Zahlungsmittelumlaufs sich vorwiegend fremder Münzen bedient.

Seit dem gegen Mitte des vorigen Jahrhunderts erfolgten Übergang zur Frankenwährung befanden sich hauptsächlich französische und daneben noch italienische Münzen im Umlauf, während vorher in der deutschen Schweiz vielfach süddeutsche Gulden im Verkehr waren. Die Währungsordnung bedeutete damit gleichzeitig eine Lockerung der wirtschaftlichen Zusammenhänge mit Süddeutschland und eine Neuorientierung der schweizerischen Wirtschaftspolitik nach Frankreich hin. Der Beitritt zur lateinischen Münzunion vom 23. XII. 1865 verstärkte diese Tendenzen.

Damit wurde die Schweiz in das Schicksal der Doppelwährungsländer hereingezogen. Seit den 70er Jahren des vorigen Jahrhunderts hatte das ein Abströmen der Goldmünzen und einen Zustrom des gemünzten Silbers zur Folge. Diese Erscheinung führte bekanntlich zur Einstellung der freien Silberprägung.

Einen weiteren, wichtigen und markanten Abschnitt in der schweizerischen Währungsgeschichte bildet die Münzkonvention vom 6. XI. 1885. Die auf ihr getroffenen Festsetzungen über den Münzumlauf beeinflussen noch den Geldmarkt bis über den Weltkrieg hinaus. Nach den Bestimmungen dieser Konferenz waren die Goldmünzen der an der lateinischen Münzunion beteiligten Staaten Frankreich, Belgien, Italien, Schweiz und Griechenland in jedem dieser Staaten gesetzliches Zahlungsmittel, daneben aber auch noch die 5-Frank-Stücke aus Silber, deren freie Prägbarkeit allerdings ausgeschlossen und deren Gesamtumlaufsmenge für jeden Staat vertraglich kontingentiert war. Von wesentlicher Bedeutung sollte später der Artikel 14 dieser Konvention werden, der die Liquidation des gegenseitigen Münzumlaufs bei einer etwaigen Kündigung regelte. Diese Liquidationsklausel wurde auf Drängen der Schweiz in den Unionsvertrag aufgenommen, da sie schon damals die reine Goldwährung befürwortete; sie konnte aber innerhalb der Union, namentlich Frankreich gegenüber, nicht damit durchdringen, andererseits wollte sie aber ihre Teilhaberschaft an der lateinischen Münzunion aus naheliegenden Gründen nicht aufgeben.

Erst seit 1883 begann die Schweiz eigene Goldmünzen auszuprägen, obwohl schon vorher 20-Frank-Stücke aus Gold gesetzliches Zahlungsmittel waren; es wurden eben von der Schweiz Münzen fremden Ge-

---

[1] Blaum, Das Geldwesen der Schweiz seit 1798, Straßburg 1908, S. 45.

präges, besonders französischen und sardinischen, valutarischer Charakter beigelegt, eine gewisse seltene Abhängigkeit von andern, in die sich ein Staat damit begab. Ebenso hatte die Schweiz nur eine völlig ungenügende Menge silberner 5-Frank-Stücke ausgeprägt, so daß der Umlauf dieser im Verkehr außerordentlich beliebten Geldsorte fast nur aus Münzen französischen und italienischen Gepräges bestand. Diese „Sparpolitik" der Eidgenossenschaft, die die Kosten des Geldumlaufs für Prägung und Abnutzung der Münzen von ihren Nachbarstaaten tragen ließ, sollte sich später bitter rächen. Der schweizerische Zahlungsverkehr bedurfte einer erheblichen Menge kleiner Zahlungsmittel, einmal für die Lohnzahlungen der hochentwickelten Industrie, dann aber auch für den Fremdenverkehr, der zwar Zahlungsanweisungen, Schecks usw., zum Teil auch großes Geld ins Land brachte, gleichzeitig aber die Umwechslung dieses Geldes bzw. der Geldsurrogate in erhebliche Mengen von Scheidemünzen verlangte.

Dieser Bedarf an Zahlungsmitteln mußte vorzugsweise durch Hartgeld gedeckt werden, bis sich nach dem Erlaß des Bankgesetzes vom 8. III. 1881 auch die Banknote einen größeren Anteil am Umlauf erkämpfte. Die Zersplitterung im Notenwesen, der in Deutschland durch die Gründung der Reichsbank bereits ein Ende gemacht wurde, dauerte in der Schweiz bis 1907, ja ein geringer Rest der auf Grund des Gesetzes von 1881 ausgegebenen Noten ist heute noch nicht eingelöst.

Dieses Gesetz von 1881 war im weitesten Maße vom Prinzip des „laisser aller, laisser faire" erfüllt, ein Grundsatz, dessen Befolgung man überall in der Schweiz bis auf den heutigen Tag wahrnehmen kann. So ordnete man damals nur die Ausgabe der Banknoten und erließ Vorschriften über die Deckung derselben. Jede Bank, die sich diesen Vorschriften unterwarf, durfte innerhalb des vom Gesetze gezogenen Rahmens Noten ausgeben. Bis zur Gründung der Schweizerischen Nationalbank gab es daher in der Schweiz einige 30 Notenbanken, die nach rein privatwirtschaftlichen Gesichtspunkten Noten ausgaben, weil man damit ein gutes Geschäft machen konnte. Eine Hauptvorschrift des 1881er Gesetzes war die Besteuerung der Gesamtnotenausgabe, nicht etwa des Umlaufs, so daß die Notenbanken ein Interesse daran besaßen, möglichst den gesamten Notenbestand in Umlauf zu halten, da sie ja für die in ihren Kassen befindlichen Noten, obwohl ihnen diese keinen Ertrag abwarfen, auch die Notensteuer entrichten mußten. Dadurch fehlte dem Geldumlauf des Landes die nötige Elastizität. An den Hauptzahlungsterminen, am 1. Mai und 11. November, setzte stets eine förmliche Jagd nach Hartgeld und Noten ein, während in der geschäftsstillen Zeit ein Überfluß an Zahlungsmitteln herrschte. Vermehrt wurde dieser Mangel noch durch eine geringe Ausdehnung des Systems der bargeldlosen Zahlungsvermittlung, die die Bedeutung der Münzen und namentlich der großen Banknoten für den Zahlungsverkehr noch steigerte.

Die Schweizerische Nationalbank konnte in den wenigen Jahren ihres Bestehens trotz vieler durchgreifender Reformen die eigentümliche Gestaltung, die der Geldmarkt unter der Herrschaft des Bankgesetztes von 1881 gewonnen hatte, nicht völlig verwischen. Daher ist ein kurzer Rückblick auf Verfassung und Organisation der Notenbanken geboten, um die Einflüsse der Banknotenausgabe auf den Geldmarkt zu verstehen, die durch die Deckungsvorschriften und durch den Charakter der Banken, die sich mit der Notenausgabe befaßten, hervorgerufen wurden.

Die Deckung der Noten sollte auf Grund der Vorschriften des Bankgesetzes von 1881 zu 40% in Metall bestehen, d. h. in Gold und in silbernen 5-Frank-Stücken; der Rest der Deckung durfte bestehen in Wechseln, bestimmten, sicheren Wertpapieren oder in einer Staatsgarantie.

33 Notenbanken unterwarfen sich damals diesen Bestimmungen. Nur 4 von diesen „Emissionsbanken“ waren reine Diskontobanken, die mit den durch die Notenausgabe gewonnenen Mitteln die Diskontierung von Wechseln betrieben und deren Portefeuille zur Notendeckung diente. Einige Institute hinterlegten als Notendeckung Wertpapiere; diese Banken betrieben in der Hauptsache das Kreditgeschäft der Handelsbanken. Dominierend in der Gruppe der Notenbanken waren aber die Kantonalbanken, d. h. die Staatsbanken der einzelnen Kantone. Wie nun die Schweizer Kantone in bezug auf ihre wirtschaftliche Entwicklung, ihre Größe und ihren mehr landwirtschaftlichen oder mehr industriellen Charakter die größten Verschiedenheiten aufweisen, ebenso verschieden sind ihre Kantonalbanken gestaltet. Vom sparkassenähnlichen Institut eines kleinen landwirtschaftlichen Kantons bis zur Bank, die fast die gleichen Geschäfte wie eine private Großbank betreibt, sind hier alle Abstufungen vertreten.

Es ist klar, daß die Interessen so verschieden gearteter Banken weit auseinandergingen und daß sie ihre Mittel auf die verschiedenste Weise verwandten. Betreiben doch die Kantonalbanken vorzugsweise das Hypothekengeschäft! Ja sogar eine ausgesprochene private Hypothekenbank, die Thurgauische Hypothekenbank, besaß das Notenausgaberecht. Hier kann man wirklich von einer Universalbank sprechen, die sämtliche bankmäßigen Geschäfte betrieb. Daß bei dieser Sachlage tatsächlich mitunter Hypotheken durch Notenausgabe finanziert wurden, ist nach dem Gesagten nur zu leicht erklärlich.

Die Kantonalbanken betrachteten die durch die Notenausgabe gewonnenen Mittel nur als billiges Betriebskapital. Als Kosten hatten sie ja neben der geringen Notensteuer nur den Zinsverlust durch die Metalldeckung zu betrachten, während die restliche Deckung durch Staatsgarantie ihnen keine Kosten verursachte. Infolge der Vielheit der beteiligten Banken machten sie sich nun mit diesen billigen Mitteln gegenseitig lebhafte Konkurrenz, drückten den Diskontsatz herunter und waren auch wenig wählerisch in der Qualität der anzukaufenden Wechsel. So spielten die sog. Lombardwechsel im Portefeuille der Emissionsbanken eine große Rolle. Es waren dies Eigenwechsel, die auf Grund von Faustpfandsicherung von den Banken übernommen wurden. Trug ein solcher Wechsel erst einmal ein Bankgiro, so galt er damit als bankfähig. Nach der von A. Jöhr wiedergegebenen Schätzung machten um 1900 solche Finanzwechsel drei Viertel des Wechselbestandes aus[1].

Von einer einheitlichen Diskontpolitik konnte unter diesen Verhältnissen nicht die Rede sein, wenn sich auch seit dem letzten Jahrzehnt des vergangenen Jahrhunderts Ansätze zu einem geschlossenen Vorgehen zeigten. Konnte man sich schließlich über die Anwendung eines einheitlichen offiziellen Diskontsatzes einigen, so scheiterte doch alles wieder daran, daß dieser offizielle Satz nur auf dem Papier bestand, während man tatsächlich in weitem Umfang die unterschiedlichsten Privatsätze in Anwendung brachte. Zwar bestand ein Kartell der Emissionsbanken, das aber praktisch fast nur einen gegenseitigen spesenfreien Einzug der Banknoten der einzelnen Institute zu vermitteln vermochte. Weiter gelang es dem Kartell nur, eine Abrechnungsstelle zu schaffen, die die hieraus sich ergebenden Forderungen der einzelnen Emissionsbanken untereinander zum Ausgleich brachte; dem allgemeinen Verkehr war diese Abrechnungsstelle nicht zugänglich.

Auch die Zusammensetzung des im Lande zirkulierenden Hartgeldes beeinflußte den Geldmarkt. Wie von einer einheitlichen Diskontpolitik nicht die Rede sein konnte, so waren die Emissionsbanken erst recht nicht in der Lage, eine eigene Valutapolitik zu betreiben. Dieser Mangel war mit eine der Ursachen für die ständige Verschlechterung der schweizerischen Valuta, die sich besonders im Kurse auf Paris äußerte, während z. B. Deutschland und auch England gegenüber sich der schweizerische Franken eher auf Parität halten konnte.

Die Schweiz war, da die heimische Ausprägung an Silbermünzen den Bedarf bei weitem nicht deckte, auf die Beschaffung von Silbermünzen aus den anderen Unionsstaaten angewiesen. Bei entsprechendem Tiefstand der schweizerischen Währung lohnte es sich, Privatdiskonten in Frankreich gegen Silber anzukaufen und diese bei den Emissionsbanken gegen Banknoten abzusetzen, die dieselben Banken auf Anfordern ja wieder in silbernen 5-Frank-Stücken (oder Gold)

[1] Die schweizerischen Notenbanken. Zürich 1914, S. 213.

einlösen mußten. Da diese auch in Frankreich gesetzliches Zahlungsmittel waren, verdiente der Verkäufer der Privatdiskonten also risikolos die Differenz zwischen den Devisenkursen. Diese sog. Silbergelddrainage wurde gewerbsmäßig betrieben, sobald die Kursdifferenz einen Überschuß über die An- und Verkaufskosten ermöglichte[1]. Erst die Einheitlichkeit der getroffenen Maßnahmen und die erfolgreichere Valutapolitik der schweizerischen Nationalbank vermochte die Tätigkeit der „Draineure“ bis zur Bedeutungslosigkeit einzudämmen.

2. Das Bankwesen.

Auch das Bankwesen paßt sich in eigenartiger Weise dem Charakter des Landes an. Sein Grundzug ist — im Gegensatz zum englischen und französischen Bankwesen — der Formenreichtum, der zahlreiche Übergänge zwischen den einzelnen Arten von Bankinstituten schafft und gleichzeitig bewirkt, daß die verschiedensten Geschäftszweige oft nebeneinander betrieben werden.

Wenn dieser Umstand noch nicht — abgesehen vielleicht von einigen Unzuträglichkeiten im Hypothekargeschäft — zu schweren Mißständen geführt hat, so mag das einmal wohl daran liegen, daß der schweizerische Bankier sich von altersher eines guten Rufes erfreut, daß er schon über lange Erfahrung in Angelegenheiten der Kapitalanlage verfügt und sein berufliches Taktgefühl ohne engere gesetzliche und gewohnheitsmäßige Bindungen auskommt; dann dürfte es vor allem aber auch auf den Kapitalreichtum des Landes zurückzuführen sein, der die geldlichen Dispositionen erleichtert.

a) Die Schweizerische Nationalbank. Es gibt eigentlich nur eine Bank, die einer festen gesetzlichen Regelung unterworfen ist, das ist die durch Gesetz vom 6. X. 1905 gegründete Schweizerische Nationalbank. Die Vorgeschichte dieser zentralen Notenbank ist schon bei der Schilderung des Notenbankwesens berührt worden. Die oben im Hinblick auf den Zahlungsmittelumlauf gemachten Ausführungen bedürfen daher hier nur einer kurzen Ergänzung.

Die Mängel, die das System der Vielheit der Notenbanken aufwies, wurden zwar oftmals erkannt, doch wurden die Reformbestrebungen ein Spielball der Politik oder — besser gesagt — der politischen Parteien. Die Kantone waren finanziell an dem bestehenden Zustand interessiert, auch fürchtete man den Verlust von Sondervorteilen, die die einzelne Notenbank im engeren Bezirk gewähren konnte. Diese und ähnliche tatsächlichen Gründe wurden oft verdeckt durch das Aushängeschild, bei Zentralisation des Notenbankwesens sei die politische Freiheit in Gefahr. So kam es erst 1891 nach vielem Hin und Her zu der Ver-

[1] Vgl. die ausführliche Darstellung bei Blaum, a. a. O. S. 158—167.

fassungsbestimmung, daß die Notenausgabe Bundessache sei. Es dauerte aber bis zum 6. X. 1905, bis dieser Beschluß in die Tat umgesetzt wurde. Nicht nur aus dem langen Zeitraum, den man bis zur Ausführung brauchte, kann man auf die zu überwindenden Widerstände schließen; auch das Gesetz selbst trägt den Kompromißcharakter deutlich genug zur Schau.

Die Schweizerische Nationalbank ist zwar eine Institution des Bundes, aber nicht die Eidgenossenschaft selbst, sondern die einzelnen Kantone sind finanziell maßgeblich daran beteiligt, entweder unmittelbar oder mittelbar durch Aktienbesitz in Händen der Kantonalbanken. Auch fällt den Kantonen — abgesehen von dem Dividendenerträgnis — kraft gesetzlicher Bestimmung ein ganz erheblicher Teil des Reingewinnes zu. Charakteristisch für die Schweiz ist auch die Lösung der Frage des Sitzes der Bank — bildete sie doch überhaupt ein Problem, an dem die Bemühungen um die Einführung des Nationalbankgesetzes jahrelang gescheitert sind. Auf Kosten der Einheitlichkeit und Billigkeit des Verwaltungssystems teilte man schließlich die Leitung der Nationalbank in drei Departements und wies dem ersten Departement mit dem Sitz in Zürich, dem Hauptgeldplatz des Landes, die Aufgabe der Leitung der laufenden Geschäfte, insbesondere des Diskontgeschäftes, zu. Das zweite Departement erhielt seinen Sitz in Bern und hatte die Notenausgabe, den gesamten Metallverkehr, die Depotgeschäfte, die Geschäftsabwicklung mit dem Bund und die Rechtsangelegenheiten zu regeln. Schließlich hatte das dritte Departement, dem die gesamte Kontrolltätigkeit oblag, seinen Sitz wieder in Zürich.

Weiter wurden die Geschäfte mit dem Publikum durch ursprünglich acht Zweiganstalten abgewickelt, die dem Direktorium unterstanden und nur eine beschränkte Selbständigkeit genossen. Interessant ist jedoch die weitere Regelung der Einrichtung sog. fremder Agenturen. Jeder Kanton, in dessen Bereich keine Zweiganstalt war — bei der Gründung der Schweizerischen Nationalbank wehrten sich manche Kantone gegen die Übernahme einer solchen, weil sie darin eine Konkurrenz für ihre Kantonalbanken fürchteten —, hatte das Recht, von der Nationalbank die Einrichtung einer Agentur in seinem Bezirk zu fordern, deren Geschäftsführung dann der betreffenden Kantonalbank oblag. Vor 1914 gab es 10 solcher Agenturen. Das Merkwürdige an dieser Einrichtung besteht darin, daß die Nationalbank auf diese Weise gesetzlich gezwungen werden kann, einen Teil ihrer Geschäfte durch ihre direkte Konkurrenz ausführen lassen zu müssen. Daß dies gerade bei der Diskontierung von Wechseln trotz der Aufsicht des Direktoriums und aller sonstigen Kautelen für die Qualität des Portefeuilles und die straffe Durchführung einer einheitlichen Diskontpolitik nicht immer vorteilhaft ist, dürfte unbestreitbar sein. Es macht sich hier eben der Umstand bemerkbar, daß die Nationalbank gegründet wurde, als bereits ein voll entwickeltes Bankwesen in der Schweiz existierte, so daß die Nationalbank gewissermaßen nur die Krönung eines schon fertigen Bauwerks bedeutet, und daß sie daher nicht mit dem gesamten Wirtschaftsleben des Landes in so unmittelbarem und engem Kontakt steht, wie es bei den älteren Zentralnotenbanken des übrigen Europas der Fall ist, die sich ihren Platz nicht in gleichem Maße von anderen Bankinstituten streitig gemacht sahen.

Es sind nicht so sehr die Fragen der inneren Verfassung, die uns hier interessieren. Sie weist übrigens in vielen Punkten große Ähnlichkeit mit der (früheren) deutschen Reichsbank auf. Es sei nur bemerkt, daß die Rechte der Aktionäre — die Kantone und Kantonalbanken besitzen die überwiegende Mehrheit des 50 Millionen Franken betragenden, allerdings nur mit 50% einbezahlten Aktienkapitals — sehr beschränkt sind, fast bis auf das Recht, die fällige Dividende zu beziehen, daß dagegen der Bund auf die Geschäftsführung den maßgebenden Einfluß besitzt.

Hervorzuheben wären hier nur die gesetzlichen Grundlagen, auf denen sich die Diskont- und Valutapolitik der Nationalbank und damit ihre Tätigkeit auf dem Geldmarkte aufbaut. Die Bestimmungen über die Notendeckung sehen nach der im Jahre 1911 geänderten Fassung vor: eine 40proz. Deckung in gesetzlicher Barschaft, d. h. in Goldmünzen und silbernen 5-Frank-Stücken der lateinischen Münzunion. Hatten wir schon früher ausgeführt, daß die Schweiz nicht für genügende Ausprägung eigener Münzen gesorgt hatte, so müssen wir jetzt noch darauf hinweisen, daß in den letzten Jahren vor dem Weltkrieg etwa $^2/_5$ der umlaufenden Münzen schweizerisches Gepräge trugen, und daß insbesondere die Nationalbank einen verhältnismäßig großen Bestand von Goldmünzen schweizerischer Herkunft besaß. Auch die Nationalbank verfolgte das Prinzip, ihre metallische Notendeckung möglichst in Gold zu halten, so daß ihr Bestand an silbernen 5-Frank-Stücken vor 1914 nur ungefähr $^1/_{10}$ der gesamten Metalldeckung betrug, die sich insgesamt im Durchschnitt auf rund 70% belief. Diesen verhältnismäßig hohen Deckungsprozentsatz hatte die Nationalbank nicht etwa erreicht, weil sie, wie die deutsche Reichsbank, den Verkehr mit kleinen Noten zu sättigen suchte, sondern die Nationalbank verfolgte im Gegenteil den Grundsatz, den Verkehr möglichst mit Hartgeld zu speisen. Bis zum August 1914 war dementsprechend die kleinste schweizerische Banknote die 50-Frank-Note.

Die restliche Notendeckung muß bestehen aus Wechseln mit mindestens zwei guten Unterschriften, Schecks, diskontierten Obligationen mit einer 3 Monate nicht übersteigenden Verfallzeit und aus Schatzscheinen fremder Staaten, deren Geldumlauf auf metallener Grundlage beruht. Letztere sind durch die Gesetzesänderung von 1911 in die Notendeckung einbezogen worden. Ebenso hat man den Kreis der Obligationen, die diskontiert werden durften, damals erheblich erweitert; es sind auch kurzfristige schweizerische Bankobligationen und gewisse Eisenbahnanleihen mit einbezogen worden.

Wichtig ist noch, daß keine Notensteuer erhoben wurde, der Notenumlauf also gesetzlich nur durch das Vorhandensein einer ausreichenden Metalldeckung begrenzt war. Der Ankauf von Wechseln war nicht auf den von prima inländischen Handelswechseln begrenzt, sondern die Nationalbank durfte auch Devisen ankaufen, soweit diese auf Goldwährungsländer lauteten.

Weiter war der Schweizerischen Nationalbank noch die Gewährung von Lombardkredit erlaubt. Dieser durfte gegen Hinterlegung von Edelmetallen oder Obligationen als Faustpfand gewährt werden; die äußere Form war die des Kontokorrentverkehrs.

Von größerer Bedeutung für den Geldmarkt war die Einrichtung des Giroverkehrs. Die Organisation des bargeldlosen Zahlungsverkehrs war vor Errichtung der Nationalbank sehr unvollkommen. Man war hauptsächlich auf das Korrespondentennetz der einzelnen Banken hierbei angewiesen, das allerdings infolge des Fehlens eines zentralen Girodienstes einen beachtenswerten Ausbau erfahren hatte. Erst kurz vor der Gründung der Nationalbank schritt man zur Einrichtung eines Postscheckverkehrs, der sich bald gut entwickelte und der, da er der zeitlich frühere war, später die Entwicklung des Giroverkehrs der Nationalbank stark hemmte. Der Postscheckverkehr diente mehr der Zahlungsvermittlung der kleineren und mittleren Firmen, während sich des Giroverkehrs der Nationalbank vorzugsweise die Banken für ihren Zahlungsausgleich bedienten. So kam es, daß der Nationalbank aus dem Giroverkehr — die Teilnehmer mußten je nach Größe ihrer Geschäftsbeziehungen Mindestguthaben von einigen hundert bis zu mehreren hunderttausend Franken unterhalten — die Mittel nicht in einem solchen Maße zuflossen, wie man bei der Einrichtung erwartet hatte.

Wenn die Nationalbank auf Grund dieser Geschäftszweige eine eigene Politik wenigstens auf dem Geldmarkt betreiben kann, so ist ihr eine Beeinflussung des Kapitalmarktes eigentlich nur indirekt möglich. Die Nationalbank darf für eigene Rechnung nur festverzinsliche Wertpapiere öffentlicher Körperschaften erwerben, das Effektengeschäft für ihre Kundschaft nur kommissionsweise ohne Kreditgewährung betreiben und sich bei Anleiheemissionen nicht durch Übernahme von Wertpapieren beteiligen. Von Bedeutung ist dagegen die gesetzliche Vorschrift, daß die Nationalbank den Bund bei der Ausgabe von Anleihen zu beraten und über die Lage des Kapitalmarktes aufzuklären habe. Allein hierdurch kann die Bank schon weitgehend den Kapitalmarkt beeinflussen. Bei dem Zusammenhang der Märkte des kurzfristigen und des langfristigen Leihkapitals kann sie natürlich auch durch ihre Diskontpolitik und auch durch ihre Stellung als Bank der Banken durch mehr oder minder verhüllte Drohungen bzw. gute Ratschläge auf den Kapitalmarkt einen indirekten Einfluß ausüben, wie wir bei der Besprechung der Verfassung dieser Märkte noch des öfteren sehen werden.

b) Die übrigen Banken. Ist die Nationalbank eine Einrichtung des Bundes, so sind die Kantonalbanken, wie schon ihr Name besagt, Organe der Bundesstaaten. Sie sind — von zwei Ausnahmen abgesehen, die sich als auf gemischt-wirtschaftlicher Grundlage beruhende Institute darstellen — reine Staatsbanken. Ihnen ist aber in der Geschäftsbetätigung größere Freiheit gewährt als der Nationalbank. Sie sind zwar auf Grund der staatlichen Gesetzgebungsgewalt der Kantone entstanden, jedoch sind oft Gesetz und Geschäftsstatuten nicht auseinanderzuhalten. Sie ähneln daher in der Ausdehnung ihres Geschäftskreises und dem Umfang ihrer Betätigung den Großbanken, wenn auch das Sparkassen- und Hypothekengeschäft stärker im Vordergrund steht als bei diesen.

Schon bei Besprechung des Bankgesetzes von 1881 war erwähnt, daß die Kantonalbanken das Übergewicht im Konkordat der Emissionsbanken besaßen. So haben auch sämtliche Kantonalbanken bis 1907, wo die Schweizerische Nationalbank ihre Geschäftstätigkeit begann, Noten ausgegeben; doch wollten sie weniger den Zahlungsverkehr erleichtern, als sich selbst billige Betriebskredite verschaffen.

Bei der Gründung der Kantonalbanken, die überwiegend in die 60er und 70er Jahre des vorigen Jahrhunderts fällt, hatte man meist folgende Gesichtspunkte im Auge: Man wollte einmal den Sparsinn der Bevölkerung heben, ihr die Möglichkeit einer sicheren Kapitalanlage bieten, da eine Sparkassengesetzgebung in der Schweiz nicht existierte und trotz der seit Beginn des 19. Jahrhunderts bereits verhältnismäßig zahlreich vorhandenen Sparkassen diese oft nicht dem Bedürfnis entsprechend über das Land verteilt waren. Weiter beabsichtigte man aber vor allem auch, für die ländliche Bevölkerung die Beschaffung billigeren Hypothekarkredits zu ermöglichen. Es sei daran erinnert, daß seit den 40er Jahren der Eisenbahnbau und seit den 60er Jahren die eigentliche Industrialisierung des Landes begann. Bis dahin hatte der schweizerische Kapitalist sein Geld in Grundrenten angelegt; bei dem herrschenden Kapitalüberfluß suchte er oft mehr nach einer solchen Anlage, als daß der vorwiegend ländliche

Darlehnsnehmer sich um den Kredit bemüht hätte. Das wurde jetzt anders, seitdem die Kapitalien in vermehrtem Umfange der Anlage in Effektenform zur Finanzierung von Industrie- und Verkehrsunternehmungen zugeführt wurden. Die Kantonalbanken sollten also dazu beitragen, den seit den 60er Jahren fühlbar werdenden Mangel an landwirtschaftlichem Hypothekarkredit beseitigen zu helfen. Daneben dachte man auch an gewerbliche Kreditgewährung zur Unterstützung des Handwerks und des kleineren und mittleren Gewerbetreibenden. Schließlich zog man natürlich auch noch eine Betätigung der Bank für den behördlichen Zahlungsverkehr und für das Finanzwesen der Kantone in Betracht, sowie die Möglichkeit einer ergiebigen Einnahmequelle.

Die Kantonalbanken wurden, soweit sie reine Staatsbanken waren, vom Kanton mit einem Dotationskapital ausgestattet, das häufig noch dazu in eigenen Schuldverschreibungen des Kantons bestand, die die Bank dann entweder erst am offenen Markt verwerten mußte oder auch gar einfach im Portefeuille behielt. Die äußere Organisation der Banken ist sehr verschieden, teils sind sie in ihrer Geschäftsführung direkt dem Finanzdepartement des betreffenden Kantons unterstellt, teils sind sie auch selbständiger und unterliegen nur der Kontrolle des kantonalen Parlaments. In einigen Kantonen besteht neben der Kantonalbank noch eine kantonale Hypothekarkasse; doch ist das die Ausnahme; weit überwiegend betreiben sie das Hypothekengeschäft selbst. Ferner kommt es auch vor, daß das Sparkassengeschäft von einer besonderen Anstalt gepflegt wird, die Kantonalbank jedoch diese Sparkapitalien anzulegen hat. Wenn man nun noch berücksichtigt, daß die einzelnen Kantone von ganz verschiedener Größe sind, eine ganz unterschiedliche wirtschaftliche Entwicklung aufweisen, teils rein landwirtschaftlich, teils überwiegend industriell sind, so wird man verstehen, daß diese Kantonalbanken trotz ihrer im großen und ganzen übereinstimmenden Aufgaben doch große Verschiedenheiten im Aufbau zeigen.

Neben dem Grundkreditgeschäft widmen sich die Kantonalbanken auch dem üblichen Kontokorrentkreditgeschäft, wie es die Handelsbanken zu betreiben pflegen; dabei befassen sie sich vorwiegend mit der Kreditgewährung an den gewerblichen Mittelstand und mit der Gewährung landwirtschaftlichen Betriebskredites, wenn auch ein Teil der Kundschaft in Handels- und Industriekreisen zu suchen ist. Nach dem Verluste des Notenausgaberechtes ist zwar das Wechselportefeuille der Kantonalbanken etwas zurückgegangen, da ihnen die billigen Mittel zur Gewährung von Diskontkredit mangelten, aber im ganzen ist trotz dieses Verlustes der Umsatz und die Gesamtbilanzsumme gewachsen, vornehmlich auch durch weitere Pflege des Kontokorrentgeschäfts. Über die Verteilung der Aktivgeschäfte der Gesamtheit der Kantonalbanken im Jahre 1913 gibt nachstehende Tabelle[1] Auskunft:

	Wechsel	Debitoren	Lombard-Vorschüsse	Effekten	Hypotheken
Kleine Banken	3,79%	13,02%	30,93%	12,57%	27,20%
Mittlere Banken	7,02%	16,20%	6,50%	6,64%	52,56%
Große Banken	14,21%	14,45%	5,52%	4,65%	49,65%

Deutlich zeigt dies Bild den mehr sparkassenartigen Charakter der kleinen, den mehr handelsbankähnlichen Charakter der großen Banken. Die einzig auffällige Position, nämlich die 30,93% Lombardvorschüsse der kleinen Banken finden darin eine einfache Erklärung, daß die Lombardvorschüsse hier nur eine Umgehung der reinen Hypothekarkreditgewährung darstellen. In einigen kleineren, meist landwirtschaftlichen Kantonen finden sich nämlich noch gesetzlich fixierte Maximalhypothekenzinsfüße. Dies zwingt bei einem höheren Zinssatze auf dem Kapitalmarkte die Banken dazu, Hypothekartitel, die von einem Strohmann übernommen worden sind, gegen Sicherstellung als Faustpfand zu beleihen. Die hohen Lombardvorschüsse der kleinen Kantonalbanken bedeuten daher in Wirklichkeit auch Hypothekarkredite[2].

Bei der Beschaffung der fremden Gelder ist es für die Kantonalbanken besonders vorteilhaft, daß die Kantone fast durchweg für deren Rückzahlung die subsidiäre Haftung übernommen haben. Ein Viertel der Gesamtsumme der fremden Gelder setzt sich aus Spargeldern zusammen, die etwa denselben Charakter tragen wie die Einlagen der reinen Sparkassen und daher überwiegend zu den langfristigen Anlagekapitalien zu zählen sind. Ungefähr die Hälfte der fremden Gelder besteht dagegen in einer Anlageform, die eine spezifisch schweizerische Eigentümlichkeit darstellt, nämlich aus Bankobligationen, in Wertpapierform gekleideten Spardepositen mit drei- bis fünfjähriger Laufzeit. Diese Form wird vorzugsweise für größere Ersparnisse gewählt, als sie im allgemeinen in Sparkassenbüchern angelegt zu werden pflegen. Der Rest der fremden Gelder besteht hauptsächlich aus den Guthaben der Kontokorrentkreditoren. Daneben weisen die Bilanzen — allerdings in geringerem Umfange — Akzepte auf, wie sie das Geschäft einer Handelsbank mit sich zu bringen pflegt.

Eine Gruppe von gleicher Bedeutung, — an der gesamten Bilanzsumme der Institute gemessen — bildet die der sieben schweizerischen

[1] Nach Allizé, F.: L'organisation des banques en Suisse, Paris 1923. S. 93.
[2] Stampfli, A.: Die schweizerischen Kantonalbanken, Zürich 1914. S. 59.

Großbanken[1]. Es sind dies: der Schweizerische Bankverein, die Schweizerische Kreditanstalt, die Schweizerische Volksbank, die Baseler Handelsbank, die Schweizerische Bankgesellschaft, die A.-G. Leu & Cie. und die Eidgenössische Bank Aktiengesellschaft; seit etwa 1918 rechnet man zu dieser Gruppe das zwar schon länger bestehende, aber erst von da ab durch Kapitalerhöhung und Geschäftsausdehnung Großbankcharakter annehmende Comptoir d'Escompte de Genève.

Diese Banken nehmen der Art ihrer Geschäftstätigkeit nach eine Mittelstellung ein zwischen den deutschen und den französischen Großbanken. Erstlich beschäftigen sie sich nicht so ausschließlich mit der Kapitalanlage für ihre Kunden wie die französischen Banken, andererseits zeigt das industrielle Kreditgeschäft nicht die innige Verbindung zwischen Bank und Industriegesellschaft, wie es bei den deutschen Banken häufig der Fall zu sein pflegt. Typisch ist dagegen die Interessennahme an den Trustbanken, den in der Schweiz besonders weitverbreiteten Effektenübernahme- und Finanzierungsgesellschaften.

Neben ihrer Stellung auf dem Kapitalmarkt ist es besonders auch die Betätigung dieser Institute im internationalen Geld- und Kapitalverkehr, die eine besondere Zusammenfassung dieser Banken und ihre Gegenüberstellung gegenüber jenen kleineren Banken rechtfertigt, die die schweizerische Bankstatistik unter der Bezeichnung Lokal- und Mittelbanken zusammenfaßt. Auch die Großbanken, deren Kapitalkraft man natürlich nicht mit der der englischen oder auch — um ein kleineres Land zum Vergleich heranzuziehen — einer der vier holländischen Großbanken vergleichen darf, weisen nach Entstehungsgeschichte und Betätigungsrichtung Verschiedenheiten auf.

Die Großbankentwicklung zeigt in der Schweiz eine ähnliche Konzentrationsbewegung wie in Deutschland. Jedoch sind einige Banken erst in den letzten Jahren von dem Prinzip der Geschäftszentralisation abgewichen, während andere bereits seit Jahrzehnten dem der Dezentralisierung der Betriebe huldigten[2].

Sicher ist die Bildung der Großbanken auf die Entwicklung des Effektenkapitalismus und auf die Entstehung der Großindustrie zurückzuführen. Aber mitgewirkt hat daneben auch vor allem das Bestreben nach Verteilung des Risikos, das man durch örtliche Ausdehnung zu erreichen suchte. Orte mit ganz einseitiger Industrieentwicklung, wie z. B. St. Gallen mit seiner vorherrschenden Stickereiindustrie, drängen die Banken mit Naturnotwendigkeit dahin, eine örtliche Risikoverteilung und auch gleichzeitig nach Möglichkeit einen zeit-

[1] Blieb 1913 die Bilanzsumme sämtlicher Großbanken etwas hinter der der Kantonalbanken zurück, so überstieg sie diese im Jahre 1925 um ein geringes.

[2] Vogt, Oskar S., Zur Industriepolitik der schweizerischen Großbanken, Weinfelden 1922, S. 70.

lichen Ausgleich zwischen der verschieden starken Beanspruchung durch mehrere Industriezweige anzustreben[1]. So weist z. B. der Seidenimport Ende Juni, Anfang Juli kurz nach der Haupterntezeit seinen Höchstbedarf an Krediten auf, während die Stickereiindustrie dagegen kurz vor Weihnachten zur Zeit der Hauptexportsaison für diesen Artikel die größten Kreditansprüche stellt. Das Zurücktreten des Wechselkredits und die Bevorzugung des Kontokorrentkredits hat die Ausdehnung der Großbanken und ihre auf den angegebenen Gründen beruhende Dezentralisationsbewegung nur noch verstärkt.

Das Hauptgeschäft der Großbanken liegt im industriellen Kontokorrentkreditgeschäft, und zwar in der Gewährung sowohl von gedeckten wie von ungedeckten Krediten. Die Kontokorrentdebitoren pflegen dabei die -kreditoren bei weitem zu übersteigen, so daß die Banken zur Befriedigung der Kreditbedürfnisse ihrer Kundschaft noch andere Mittel hinzuziehen müssen.

Neben dem Kontokorrentgeschäft spielt natürlich das Diskontgeschäft immer noch eine wesentliche Rolle. Ein direkter Verkehr der großen Industrie- und Handelsfirmen mit der Nationalbank ist selten, zumal da auch die Banken Wechsel guter Firmen mit Bankgiro zum Privatsatz und ohne solches zu einem geringeren Satze als dem offiziellen hereinzunehmen pflegen. Noch bedeutender ist dagegen der Akzeptumlauf gerade der Großbanken. Wenn auch die Großbanken infolge der Zusammensetzung ihrer Kundschaft aus Kreisen der Industrie und des Großhandels gerade besonders die internationalen Beziehungen pflegen und der Devisenverkehr eine bedeutende Rolle spielt, so finden sich neben Remboursakzepten doch noch eine Menge von Finanzakzepten bei ihnen vor.

Ähnlich wie in Deutschland wird durch solche Akzepte auch der Betriebskredit von Industrieunternehmungen durch die Banken finanziert; vorübergehend wird sogar manchmal der Kapitalbedarf der Unternehmungen für Anlagezwecke auf diese Weise befriedigt. Da das Konsortialgeschäft zum überwiegenden Teil in Händen der Großbanken liegt, ist eine Ablösung dieser Kredite durch Effektenausgabe möglich, wenn auch die Beziehungen zwischen Bank und Industrie in der Regel nicht so eng sind wie in Deutschland. Denn bei den meisten Emissionen von Aktien und Industrieobligationen von nur irgendwelcher Bedeutung finden sich mehrere Großbanken zusammen, aber nicht derart, daß man etwa von einer bestimmten Gruppenbildung sprechen könnte. Von einer Beherrschung einzelner Industrieunternehmungen durch Banken oder Bankgruppen, wie es die deutschen Finanzierungsverhältnisse mit sich bringen, kann in der Schweiz kaum die Rede sein.

---

[1] Vogt: a. a. O. S. 88.

Was die Beschaffung der im Aktivgeschäft verwandten Mittel anbelangt, so haben wir die Kontokorrentkreditoren bereits erwähnt. Daneben fließen den Großbanken noch beträchtliche Korrespondentenguthaben zu, teils von kleineren schweizerischen Banken, die so einen Teil ihrer Mittel liquide anlegen wollen, teils auch von ausländischen Banken. Vor allem aber sind auch die Großbanken bestrebt, Spargelder an sich zu ziehen. Sie verbuchen diese zum Teil als Spareinlagen und stellen darüber Einlagehefte aus. Teilweise werden Gelder, die ihrer Natur nach aber meist als mehr vorübergehende Kapitalanlagen zu betrachten sind, auch als Depositen oder Kreditoren mit bestimmter Verfallzeit in den Bilanzen bezeichnet. Sie treten an Bedeutung hinter den in Kassaobligationen angelegten Spargeldern zurück. Letztere machten 1913 etwa ein Drittel der gesamten fremden Gelder aus. Wenn man annimmt, daß die eigenen Mittel (Aktienkapital und Reserven) im Effekten- und Konsortialgeschäft Verwendung finden, so kann man als Gegenposten der Obligationen hauptsächlich die Anlage in Debitoren betrachten. Für die Schweizerische Volksbank und die A.-G. Leu & Cie. käme noch die Anlage in Hypotheken in Betracht; die in den Gesamtbilanzen der Großbanken aufgeführten Hypothekenkonti rühren fast ausschließlich von diesen beiden Instituten her.

Tragen die Kantonalbanken das Merkmal regionaler Abgrenzung ihrer Geschäfte deutlich an sich, so ist das bei den Großbanken nach der Konzentrationsbewegung, die seit Gründung der Schweizerischen Nationalbank erneut einsetzte, nicht der Fall. Nur in der Verteilung der Hauptsitze der Banken über die gesamte Schweiz kommt der regionale Charakter oder, anders gesagt, der auch auf dem Geldmarkt deutlich wahrnehmbare kantonale Geist der Schweiz zum Ausdruck. Denn drei Banken haben ihren Hauptsitz in Zürich, zwei in Basel und je eine in Bern, Genf und Winterthur.

Die Beschränkung der Wirksamkeit auf einen eng umgrenzten Umkreis, seien es nun Ortsgrenzen oder zum mindesten Kantonsgrenzen, tritt uns entgegen in der Gruppe der Lokal- und Mittelbanken, in der man die rein bankmäßig aufgezogenen Firmen mit einem Kapital bis zu 20 Millionen Franks zusammenzufassen pflegt. Diese Gruppe hat besonders unter der Konzentrationsbewegung der Großbanken zu leiden; überhaupt tritt sie an Bedeutung gegenüber der der Großbanken und der der Kantonalbanken ganz wesentlich zurück. Zwar gibt es unter den größeren unter ihnen noch Institute, die ein recht lebhaftes Handelsbankgeschäft aufzuweisen haben, die kleineren zeigen aber mehr einen Charakter, der dem der deutschen Volks- und Gewerbebank gleicht.

Ihrer Geschäftstätigkeit nach nehmen sie eine Mittelstellung zwischen den Großbanken und den Kantonalbanken ein. Ihr Kontokorrentgeschäft, insbesondere die Kreditgewährung, ist lebhafter als das der Kantonalbanken, erreicht aber prozentual nicht denselben Umfang wie bei den Großbanken; das gleiche gilt vom Diskont- wie vom Akzeptgeschäft. Dagegen widmen sie sich mehr der Anlage von Kapitalien in Hypotheken, jedoch ist hier wiederum der Prozentsatz bedeutend kleiner als bei den Kantonalbanken. Während bei letzteren drei Viertel der fremden Gelder aus Obligationen und Spareinlagen bestehen, setzen sich die fremden Mittel der Lokal- und Mittelbanken nur zur Hälfte aus solchen Geldern zusammen. Dagegen weisen sie einen bedeutend höheren Prozentsatz von Kontokorrentkreditoren auf als die Kantonalbanken.

Daß die Gruppe der Lokal- und Mittelbanken trotz der Konkurrenz der Groß- und Kantonalbanken noch verhältnismäßig so gut besetzt ist, verdankt sie in erster Linie der industriellen Entwicklung der Schweiz, die infolge der gesamten Produktionsrichtung eine bedeutende Anzahl lebenskräftiger Mittel- und Kleinbetriebe aufweist.

Ebenfalls den Bedürfnissen der kleineren Betriebe kommen die Spar- und Leihkassen entgegen. Da es in der Schweiz zahllose Übergänge zwischen den verschiedenen Geschäftsformen gibt und sich fast jede Bank in allen möglichen Sparten des Bankgeschäfts betätigt, ist eine genaue Abgrenzung der Gruppen nicht leicht.

Der wesentlichste Unterschied zu der vorhergehenden Gruppe wäre vielleicht der, daß die meisten Betriebe ihre Herkunft von reinen Ersparniskassen nicht verleugnen können. Erst allmählich sind diese Betriebe zu mehr bankmäßigen Geschäften übergegangen. Daher weisen sie meist auch eine geringe Liquidität auf. Gerade bei diesen Kassen erfolgen deshalb auch verhältnismäßig die meisten Zusammenbrüche, besonders wenn sie sich zu stark im Kontokorrentkreditgeschäft engagiert haben. Ihre Zahl und Bedeutung ist im Rückgang begriffen; sie fallen meist dem Ausdehnungsbestreben der Kantonalbanken zum Opfer. Ihre Bedeutung für den Geldmarkt ist gering, das Hypothekargeschäft überwiegt das Kontokorrentgeschäft bei weitem. Ihre fremden Gelder sind zur Hälfte Spargelder, von der anderen Hälfte entfällt der bei weitem überwiegende Teil auf Kassaobligationen, der Rest auf Kontokorrentkreditoren.

Demgegenüber haben die reinen Sparkassen für uns nur insoweit Interesse, als sie einen bedeutenden Faktor auf dem Hypothekenmarkt darstellen; sie haben etwa zwei Drittel der ihnen zur Verfügung stehenden Mittel im Grundpfandgeschäft angelegt. Weiter erscheinen sie noch als Abnehmer von festverzinslichen Wertpapieren auf dem Kapitalmarkt, spielen dort aber keine aktive Rolle. Ihr Kontokorrentgeschäft ist für die Verhältnisse am Geldmarkt völlig bedeutungslos. Eine Gewährung von Gemeindedarlehen kommt bei ihnen auch nur in ganz geringem Maße in Frage, in welcher Hinsicht sie sich — man möchte fast sagen vorteilhaft — von mancher deutschen Sparkasse unterscheiden. Etwa 80% ihrer fremden Gelder sind Spareinlagen, der Rest zum größten Teil Kassaobligationen. In letzterer Hinsicht sind sie für uns insofern von Bedeutung, als sie vorzugsweise mit den Kantonalbanken im Wettbewerb um die Erlangung und Verwendung dieser Gelder stehen.

Obwohl sich mit Ausnahme der Mehrzahl der Großbanken und selbstverständlich der Nationalbank, wie wir bereits gesehen haben, eigentlich alle Banken mit der Gewährung von Hypothekarkredit befassen, so gibt es noch eine Gruppe „reiner" Hypothekenbanken, die diesen Zweig bankgeschäftlicher Tätigkeit als Hauptgeschäft betreiben. Wenn wir eben das Wort „rein" in Anführungszeichen gesetzt haben, so ist das geschehen, um auf den Unterschied zwischen den deutschen und schweizerischen Verhältnissen hinzuweisen. In der Schweiz gibt es kein Hypothekenbankgesetz; infolgedessen können Hypothekengeschäfte und kurzfristige Kreditgeschäfte von derselben Bank betrieben werden, ohne eine sorgfältige Trennung der Geschäftszweige, wie sie etwa beispielsweise das deutsche Hypothekenbankgesetz bei dem „gemischten" Betriebe der Bayrischen Hypotheken- und Wechselbank in München vorschreibt. Man rechnet in der Schweiz daher die Institute zu den Hypothekenbanken, die mindestens 50% ihrer im Aktivgeschäft verwandten Mittel in Hypotheken anlegen.

Die in dieser Kategorie zusammengefaßten Banken sind überwiegend Aktienbanken, doch finden sich auch mehrere Staatsinstitute darunter, und zwar Hypothekarkassen derjenigen Kantone, in denen die Kantonalbanken das Hypothekengeschäft nicht betreiben.

Dem Kontokorrentgeschäft dieser Banken kommt eine besondere Bedeutung nicht zu. Wichtig ist nur ihre Tätigkeit als Hypothekarinstitute besonders für den städtischen Grundbesitz und auch ihre Tätigkeit im Auslande, die uns noch ebenso beschäftigen wird wie die Beschaffung der fremden Mittel. Diese setzen sich zu drei Vierteln aus Obligationen zusammen, teilweise aus den üblichen schweizerischen Kassaobligationen mit drei- bis fünfjähriger Laufzeit, teilweise aber auch aus langfristigen Obligationen, letztere jedoch fast durchweg ohne spezielle Sicherung durch Hypotheken oder Faustpfand. Die Verschiedenheit der kantonalen Rechte hat hier eine verwirrende Mannigfaltigkeit der Formen gezeitigt, so daß die Finanzierung des Hypothekarkredits als der schwächste Punkt des schweizerischen Kapitalmarktes betrachtet werden kann.

Die Trustbanken betätigen sich kaum aktiv auf dem schweizerischen Kapitalmarkt. Diese Aufgabe nimmt ihnen in der Regel zu einem großen Teil die mit der betreffenden Trustgesellschaft liierte Großbank ab. Sie sind in der Hauptsache als charakteristische Erscheinungsform des schweizerischen Effektenkapitalismus aufzufassen.

Dagegen wäre noch etwas über den schweizerischen Privatbankier zu sagen. Da dieser keine Geschäftsberichte herausgibt, fehlt er in der von der Schweizerischen Nationalbank bearbeiteten Statistik des schweizerischen Bankwesens. Trotzdem ist hier seine Tätigkeit nicht zu vernachlässigen, da er besonders in Genf und in Basel noch eine gewisse Rolle spielt. In der ersten Hälfte des vorigen Jahrhunderts beherrschte der Privatbankier noch das gesamte Bankgeschäft. Die soeben geschilderte, reiche Entwicklung des schweizerischen Bankwesens ließ seine frühere Bedeutung, die er sogar im internationalen Geschäft besessen hatte, zurücktreten. Man zählte vor 1914 etwa 130 Bankiers in der Schweiz, von denen aber nur ca. 80 ein Girokonto bei der Schweizerischen Nationalbank besaßen[1] und Zeichnungen auf Bundesanleihen entgegennahmen. Bei dem Rest muß es sich um kleine Wechselstubenagenten und kleine Börsenmaklergeschäfte gehandelt haben. Unter diesen 80 vorerwähnten befand sich aber neben manchem Bankgeschäft geringen Umfanges eine Reihe alt angesehener Baseler Firmen, die noch heute eine Rolle im Kontokorrentgeschäft spielen, sich in bescheidenerem Umfange sogar am Emissionsgeschäft beteiligen.

Eine bedeutende Rolle spielen die Privatbankiers auch noch in Genf, einem Platze, der ein getreues Abbild französischer Marktorganisation bildet. Vor dem Weltkriege dominierte hier der Privatbankier, der sich neben der Vermögensverwaltung seiner Kunden vorzugsweise dem Diskontgeschäft widmete. Um aber eine Rolle auch im Emissionsgeschäft spielen zu können, schlossen sich eine Reihe von Genfer Häusern zusammen und gründeten 1890 nach dem Vorbild der französischen banques d'affaires die Union financière de Genève. Die Bankstatistik der Schweizerischen Nationalbank führt diese Gesellschaft zwar unter den Trustbanken auf, tatsächlich stellt sie aber neben ihrer Funktion als Kapitalanlagegesellschaft mit ihren Tochtergesellschaften eine Verbindung der Privatbankiers mit dem einen starken internationalen Einschlag aufweisenden Emissionsgeschäft her.

Wie das gesamte schweizerische Bankwesen, so weisen auch die Börsen des Landes einen Zug kantonaler Abgrenzung und Verschiedenheit auf. Es ist wiederum charakteristisch für die Schweiz, daß sie nicht einen Hauptbörsenplatz aufweist, wie London und Paris es für England und Frankreich sind. Sondern wir finden in dem kleinen Lande drei Börsenplätze, die in bezug auf ihre Bedeutung miteinander

[1] Landmann, Art. Schweizer. Bankwesen im Handwörterbuch der Staatswissenschaften, IV. Aufl., Bd. 2, S. 241.

in lebhaftem Wettbewerb stehen, nämlich Basel, Zürich und Genf. Neben ihnen treten Lausanne und Bern an Bedeutung ganz wesentlich zurück.

Bis etwa 1890 war Basel der erste Börsenplatz der deutschen Schweiz. Basel galt als das Kapitalreservoir des Landes und wies den führenden Obligationenmarkt auf. Seit Ende des vorigen Jahrhunderts machte ihm aber Zürich den Rang streitig. Besonders die reich entwickelte Industrie Zürichs und seiner weiteren Umgebung trug dazu bei. Vor dem Weltkriege war Zürich der bedeutendste Aktienmarkt der Schweiz, der die größten Umsätze sämtlicher schweizerischen Börsen aufwies und vor allem in Industrie- und Trustwerten die Führung hatte. Daneben nahm Genf eine Sonderstellung ein als der führende Platz der Westschweiz, neben Basel ein Hauptsammelpunkt der Kapitalien des Landes. Charakteristisch für Genf sind die internationalen Beziehungen — 40% aller in Genf gehandelten Werte sind ausländischen Ursprungs[1]. Während wir bei Basel und Zürich deutlich eine vorzugsweise nach Deutschland hin gerichtete Neigung des Marktes beobachten können — Zürich kotiert daneben noch eine Reihe italienischer Werte —, so ist die Hinneigung Genfs zu Frankreich noch viel ausgesprochener.

II. Geld- und Kapitalmarkt der Schweiz vor dem Weltkriege.

1. Der Geldmarkt.

a) Der Diskontkredit. Während die Geldverfassung des Landes Kapital- und Geldmarkt fast in gleicher Weise berührt, so übt die Gestaltung des Börsenwesens in erster Linie einen starken Einfluß auf den Kapitalmarkt aus. Die Einwirkung auf den Geldmarkt erfolgt hauptsächlich auf dem Umwege über die Bildung der Reportsätze und der Devisenkurse. Doch greifen hier schon die Banken in erheblichem Umfange ein. Naturgemäß macht sich der Bankeneinfluß auf dem Geldmarkte am unmittelbarsten bemerkbar. Die Gründung der Nationalbank im Jahre 1907 unterstützte diese Tendenz, besonders auf dem Wechselmarkte. Gleichzeitig erfolgt damit aber auch eine gewisse Umstellung. Denn erst jetzt gibt es eine zentrale Spitze, von der aus wenigstens ein Teil des Geldmarktes beherrscht wird und die übrigen Teile zum mindesten kräftig beeinflußt werden. Ein offizieller Diskontsatz war unter der Herrschaft der Konkordatsbanken eigentlich nur dem Namen nach vorhanden gewesen. Dafür standen diese Banken selbst viel zu sehr im Markte und waren naturgemäß zu sehr von dem

[1] Stucki: Die schweizerischen Effektenbörsen, Zürich 1924, S. 66.

Streben nach lukrativer Verwendung ihrer Mittel im Konkurrenzkampf beherrscht.

Erst die Diskontpolitik der Nationalbank brachte hier eine Wendung. Sie schraubte die Ansprüche an ihr Diskontmaterial höher und wirkte so auch auf die Qualität des als Privatdiskonten umlaufenden Wechselmaterials bessernd ein.

Der Gesamtbetrag des Wechselportefeuilles der von der Schweizerischen Bankstatistik erfaßten Banken betrug Ende 1906 700, 1913 1000 Millionen Franken. Hiermit dürfte der gesamte Wechselumlauf des Landes zum weitaus überwiegenden Teil erfaßt sein. Das in Händen der Privatbankiers, der Versicherungsgesellschaften und der Warenkaufleute befindliche Wechselmaterial kann man als verhältnismäßig unbedeutend für den gesamten Umlauf betrachten.

Will man für den zunehmenden Wechselumlauf eine Erklärung finden, so muß man berücksichtigen, daß die Zahlungsweise durch Giro und Scheck sich im Vordringen befindet. Ein vermehrter Ankauf von Devisen ist auch nicht anzunehmen. Zwar weisen nur wenige Banken ihr Auslandswechselportefeuille gesondert aus, aber die veröffentlichten Zahlen dürften repräsentativ genug sein, um Rückschlüsse allgemeiner Natur daraus zuzulassen. Danach schwankt das Devisenportefeuille zwischen 10—20% des Gesamtwechselbestandes mit der deutlichen Tendenz der Abnahme seit 1909. Die internationale Lage, die Anspannung des Geldmarktes, die sich wie überall auch in der Schweiz bemerkbar machte, und das als Folge der politischen Beunruhigung besonders 1911 hervortretende Bestreben der französischen Banken, ihre im Ausland befindlichen Mittel einzuziehen, läßt diese Verallgemeinerung nur um so wahrscheinlicher erscheinen.

Abgesehen etwa von einer Tendenz der Banken, ihre Wechselportefeuille möglichst zu vergrößern, läßt diese Erhöhung des Umlaufs um ca. 300 Millionen Franken in nur 6 Jahren auf eine vermehrte Anwendung des Finanzwechsels schließen. Unterstützt wird diese Vermutung noch durch den vermehrten Akzeptumlauf der Banken. Dieser stieg nach der schweizerischen Bankstatistik von 1906—1913 von etwa 300 auf ungefähr 400 Millionen Franken. Den relativ größten Anteil an dieser Summe machen die Akzepte der Großbanken aus. Damit ist gleichzeitig der Umlauf des als Privatdiskonten gehandelten Materials ungefähr umschrieben.

Durch den Export der hochwertigen schweizerischen Industrieerzeugnisse nach Übersee gelangt eine gewisse Summe von Remboursakzepten in den Verkehr, die als Privatdiskonten besonders gern genommen werden. Eine weitere Gruppe von Remboursakzepten stammt aus dem Seiden-, Baumwolle- und Getreideimport. Es dürfte schwer sein, den zahlenmäßigen Anteil dieser Wechsel am Gesamtumlauf zu bestimmen. Eine Verwendung des Bankakzepts zur Bezahlung des Warenverkehrs innerhalb der Landesgrenzen dürfte von geringem Belang sein, soweit nicht eben die Bankakzepte eine besondere Form der Gewährung von Betriebskrediten darstellen. Diese Art der Kreditgewährung ist, nach den vorliegenden Quellen zu urteilen, vor dem Weltkriege in der Schweiz verhältnismäßig verbreitet gewesen. Auch Wechsel dieser letztgenannten Kategorie werden bedenkenlos als Privatdiskonten gehandelt. Bei den zahlreichen kleinen Banken sind auch reine Finanzwechsel im engsten Sinne des Wortes, d. h. von einer Bank auf die andere gezogene Wechsel, zur Genüge vertreten.

Bei normaler Gestaltung des Privatdiskontmarktes finden sich diese Wechsel natürlich nicht im Portefeuille der Schweizerischen Nationalbank. Nur bei stärkster Anspannung des Geldmarktes, sobald der Privatsatz den offiziellen Satz erreicht hat und eine Erhöhung des letzteren bevorsteht, gelangen diese Wechsel in ihr Portefeuille; nur kurz gewordene Privatdiskonten werden der Nationalbank häufig wenige Tage vor Fälligkeit übergeben, sobald sich dieser Weg als der billigere gegenüber dem direkten Inkasso erweist.

Prima Warenwechsel, das sind Wechsel, die Unterschriften erster Handelsfirmen tragen, aus dem binnenländischen Warenverkehr stammen und mindestens über 2500 Franken lauten, werden oft ebenfalls zum Privatsatze diskontiert, sobald sie ein vollwertiges Bankgiro tragen. Ohne ein solches genießen sie, soweit man sie wirklich als prima Kommerzpapier ansehen kann, auch noch eine Vorzugsbehandlung und werden unter dem offiziellen Satze diskontiert. Dies schließt ebenfalls unter regulären Verhältnissen ihre Abwanderung in das Nationalbankportefeuille aus. Nur in Zeiten der Geldknappheit und in besonderen Bedarfsfällen, namentlich an den Hauptzahlterminen, fließt der Nationalbank dieses Material zu.

Anders dagegen liegen die Verhältnisse beim gewöhnlichen Warenwechsel, dem Papier, das nicht die an ein prima Kommerzpapier zu stellenden Anforderungen erfüllt, vor allem also auch nicht den Betrag von 2500 Franken erreicht. Dieses Material, das in bezug auf Qualität in sich selbstverständlich noch die reichsten Abstufungen aufweist, strömt in erster Linie der Nationalbank durch Vermittlung der anderen Banken zu. Infolge des Erfordernisses zweier guter Unterschriften ist der Kreis der Firmen, der direkt mit der Nationalbank verkehrt, verhältnismäßig beschränkt. An Lebhaftigkeit gewinnt er natürlich bei Annäherung des Privatsatzes an den offiziellen Diskontsatz. Von den Großbanken wird allerdings das Material — im Gegensatz zu den kleineren Instituten — nur selten an die Nationalbank weitergegeben, höchstens bei plötzlicher Inanspruchnahme ihrer Mittel, sobald eine Lombardierung infolge zu langer Dauer zuviel Kosten verursachen würde, und ferner an den Zahlterminen, die eine regelmäßige, erhebliche Beanspruchung der flüssigen Mittel mit sich bringen.

Wenn der Markt der vorher behandelten Wechselkategorien von den Großbanken beherrscht wird — der Anteil, den die Kantonalbanken und die größeren Lokal- und Mittelbanken hieran besitzen, gestattet kaum einen irgendwie nennenswerten Einfluß —, beginnt beim gewöhnlichen Warenwechsel das Gebiet, das den Kampfplatz der verschiedenen Interessengruppen bildet. Zwar stellen auch hier noch die Großbanken einen beachtlichen Machtfaktor dar, aber durch ihre Diskontpolitik sucht sich die Nationalbank den Einfluß auf dieses Material zu sichern.

Im offiziellen Diskontsatz tritt uns ein Zinssatz entgegen, der nicht rein die sich auf Angebot und Nachfrage aufbauende Marktlage wiedergibt, sondern der von der Nationalbank bewußt gestaltet wird, um umgekehrt durch die Zinsbildung in bestimmter, von volkswirtschaftlichen Gesichtspunkten geleiteter Absicht auf die Marktlage einzuwirken.

In den Jahren vor dem Weltkrieg lag der schweizerische Privatsatz ständig etwas über dem französischen, erreichte aber nie die Höhe des deutschen, wie nachfolgende Tabelle über den durchschnittlichen Privatsatz (in Prozenten) zeigt[1]:

	1907	1908	1909	1910	1911	1912	1913
Schweiz. . . .	4,49	3,41	2,75	3,36	3,40	3,89	4,52
London . . .	4,46	2,27	2,31	3,17	2,92	3,63	4,37
Paris	3,31	2,11	1,74	2,38	2,58	3,07	3,74
Berlin	5,06	3,53	2,89	3,55	3,53	4,19	4,90

Bei Vergleichen mit der Nachkriegszeit ist zu berücksichtigen, daß der Privatdiskontsatz seit 1907 infolge politischer und wirtschaftlicher Schwierigkeiten international recht hoch lag.

Demgegenüber betrug ebenfalls im Jahresdurchschnitt der offizielle Diskontsatz der Schweizerischen Nationalbank in Prozent:

1907	1908	1909	1910	1911	1912	1913
4,93	3,73	3,22	3,51	3,70	4,20	4,81

bei einer jährlich

4	4	3	5	3	2	1 mal

vorgenommenen Änderung des Satzes.

Man muß hierbei im Auge behalten, daß sich die Nationalbank den Diskontmarkt gewissermaßen erst erobern mußte. Seit 1907 mußten

[1] Die Schweizerische Nationalbank pflegt den Privatdiskontsatz derart zu ermitteln, daß sie aus den von den Großbanken notierten Sätzen einen Mittelkurs bildet und diesen veröffentlicht.

die alten Emissionsbanken in 12 vierteljährlichen Raten ihr Notenemissionskontingent an die neu gegründete Schweizerische Nationalbank abgeben, so daß diese erst seit 1910 im Vollbesitz der Notenausgabe ist. Da die früheren Emissionsbanken fortfuhren, Wechsel zu diskontieren — wenn auch in beschränktem Umfange —, und da die Nationalbank ferner strengere Ansprüche an das zu diskontierende Wechselmaterial stellte, so hatte sie eine verhältnismäßig schwierige Aufgabe durchzuführen. Es setzt uns daher nicht in Verwunderung, daß der Unterschied zwischen dem Durchschnitt des offiziellen und des Privatsatzes nur betrug in Prozent:

1907	1908	1909	1910	1911	1912	1913
0,44	0,32	0,47	0,15	0,30	0,31	0,29

also stets weniger als $^1/_2$%. Aber neben dem Motiv, überhaupt erst einmal den Anschluß an den Geldmarkt zu gewinnen, das die nicht seltenen Änderungen des Diskontsatzes erklärlich macht, tritt auch das sogar offiziell wiederholt geäußerte Bestreben zutage, den schweizerischen Markt mit billigem Gelde zu versorgen.

Anerkennenswert ist unter diesen Umständen der Kampf, den die Nationalbank gegen den Lombardwechsel führte. Dieser Wechsel spielte ja, wie schon vorher hervorgehoben, eine nicht unbeträchtliche Rolle besonders im Portefeuille der Kantonalbanken. Er gelangte häufig durch die Vermittlung kleinerer Bankinstitute in den Verkehr, die ihrer Kundschaft nur dadurch Kredit verschaffen konnten, daß letztere pfandgedeckte Eigenwechsel ausstellte, die von den Bankgeschäften zur weiteren Beschaffung von Mitteln giriert und an eine größere Bank weitergegeben wurden. Daß dies Material teilweise eine recht geringe Sicherheit bot und vor allem in den meisten Fällen infolge weitgehender Prolongationen wirklich nicht mehr als Träger eines kurzfristigen Wechselkredits zu bezeichnen war, dürfte klar sein.

Hinsichtlich der Liquidität wäre ein solcher Finanzwechsel vielleicht mit einem gedeckten Kontokorrentkredit zu vergleichen. Tatsächlich zählt auch die schweizerische Bankstatistik die Lombardwechsel, soweit sie in den Bankbilanzen gesondert ausgewiesen werden, zu den Lombardvorschüssen. Da dies aber längst nicht durchweg der Fall ist, so machen doch diese Lombardwechsel einen erheblichen Teil des angegebenen Gesamtwechselumlaufs aus.

Abgesehen von den Großbanken, die aus Gewinnstreben auch am Umlauf solcher Lombardwechsel beteiligt sind — müssen diese sich doch einen, den offiziellen Satz meist übersteigenden Diskontabzug gefallen lassen —, finden sie sich überwiegend im Portefeuille der Kantonalbanken, vor allem aber auch der Lokalbanken sowie der Spar-

und Leihkassen. Überhaupt weisen ja bekanntlich die kleineren Banken leicht ein mit minderwertigen Wechseln durchsetztes Portefeuille auf, während sie andererseits kaum im Besitz von prima Bankakzepten sind, einmal infolge der Beschaffenheit ihres Kundenkreises, dann aber auch, weil die Größe solcher Bankakzepte sie für den Umsatz einer kleineren Bank ungeeignet macht.

Erwähnenswert ist noch, daß die Nationalbank ihre ursprüngliche Absicht, solche Lombardwechsel aus ihrem Portefeuille überhaupt ganz auszuschließen, nicht durchführen konnte. Infolge der Ende 1907 einsetzenden Krisis entschloß sie sich, zur Erleichterung des Geldmarktes auch Lombardwechsel in beschränktem Umfange hereinzunehmen. Seit 1910 gelang es der Nationalbank, den Bestand an Lombardwechseln immer mehr herabzudrücken, schließlich bis auf 5% des Gesamtbestandes.

Da die kleinen Banken mit ihrem Wechselmaterial vielfach keinen Zugang zur Nationalbank finden, so wenden sie sich in der Regel an die Kantonalbanken, die bei der Hereinnahme nicht einen so strengen Maßstab anzulegen brauchen wie ein zentrales Noteninstitut. Da die Kantonalbanken sich aber nicht dazu verstehen, nur das schwächere Material zu nehmen, so entgeht der Nationalbank auf diese Weise auch mancher noch bankfähige Wechsel.

b) Der Lombard- und Reportkredit. Die Gruppe der Lombardwechsel bildet überhaupt schon den Übergang zu einer anderen Kreditform des Geldmarktes, dem Lombardkredit, der auf der anderen Seite nicht leicht abzugrenzen ist gegen die Vorschüsse auf festen Termin, unter welcher Bezeichnung in der Schweiz Kredite gewährt werden, die bei kleineren Instituten wohl häufig landwirtschaftlichen Betriebskredit darstellen, bei größeren aber oft auch lombardähnlichen Charakter aufweisen. Daß die schweizerische Bankstatistik einen Teil der Lombardwechsel unter diese Rubrik rechnet, wurde bereits erwähnt. Einen bedeutenden Teil der von der schweizerischen Bankstatistik hierunter aufgeführten Posten bilden aber auch die Reportgelder der Effektenbörse.

Nach den von der schweizerischen Bankstatistik gegebenen Zahlen schwanken die Beträge der Lombardvorschüsse und Reports in den Jahren 1906 bis 1913 zwischen 250 und 300 Millionen Franken. Man sieht also sogleich, daß diese Kredite etwa nur den dritten Teil des Wechselumlaufes ausmachen.

Näheren Aufschluß über die Natur der Vorschüsse gewährt die folgende Aufstellung der Beteiligung der einzelnen Bankgruppen an dieser Position im Jahre 1913:

Schweizer. Nationalbank . . .	28,4	Mill. Fr.
Kantonalbanken	58,2	„ „
Großbanken	128,1	„ „
Lokalbanken	37,7	„ „

Die Schweizerische Nationalbank ist die Bank der Banken und gewährt den übrigen Banken gegen Lombardierung von Effekten Geldmittel, deren sie vorübergehend bedürfen. Wie aber aus der von der Nationalbank veröffentlichten durchschnittlichen Laufzeit der Lombardkredite hervorgeht, gewährt die Nationalbank auch anderen Kreisen länger laufende Betriebskredite durch Bevorschussung von Wertpapieren sowie von gewissen Rohstoffen, die einer längeren Lagerung ohne wesentliche Wertminderung fähig sind. Der Zusammensetzung ihres Kundenkreises entsprechend finden sich bei den Kantonalbanken sowie bei den Lokal- und Mittelbanken unter den Lombardkrediten viele Bevorschussungen von Handelswaren und Effekten, die eigentliche Betriebskredite darstellen. Daneben sind aber auch diese Bankkategorien am Börsengeschäft beteiligt.

Die Kosten des Lombardkredits stellen sich infolge der damit verbundenen weitergehenden Festlegung von Mitteln höher als beim Diskontkredit, da eine Weiterverpfändung schwieriger durchzuführen ist als eine Rediskontierung von Wechseln. Der Lombardsatz der Nationalbank liegt etwa $^1/_2$ bis 1% über dem Diskontsatz. Die freien Banken, die in bezug auf die Qualität der hinterlegten Pfänder geringere Ansprüche stellen, pflegen zum Ausgleich des Risikos überdies Provisionen zu berechnen.

Die Ausleihung von Geldern an der Börse ist die Hauptdomäne der Großbanken. An sich sind diese ja schon mit rund der Hälfte an den ausgeliehenen Lombardvorschüssen beteiligt. Hier handelt es sich teilweise um echte Reportgeschäfte; die schweizerischen Börsen bevorzugen den Terminhandel per Ultimo, der Handel per Medio tritt dem ersteren gegenüber an Bedeutung sehr zurück. Als Geldgeber kommen dabei in erster Linie die Großbanken in Frage, als Geldnehmer die kleineren Privatbankiers und Börsenmakler.

Soweit es sich um an der Börse vertretene Personen handelt, pflegen die Banken die Reportgeschäfte ohne Einschüsse abzuschließen. Die geforderten Zinssätze sind hierbei nicht der reine Ausdruck der Geldmarktlage, sondern sie sind auch abhängig von der Situation des Effektenmarktes, eines möglicherweise bestehenden Découverts usw. Daher kann der Reportsatz wesentlich über den Diskontsatz steigen, es werden Sätze bis zu 9% erwähnt[1]. Die Banken leihen aber ihre Gelder nicht allein an der Börse aus, sondern stellen sie auch ihrer Kundschaft zur Verfügung, fordern dabei aber bei Reportgeschäften entweder einen 10—15proz. Einschuß oder führen die Geschäfte zu einem erhöhten Zinssatz aus.

Die im allgemeinen vorherrschende Abhängigkeit dieser Lombardvorschüsse und Reports von der Börsentätigkeit erhellt auch noch dar-

[1] Lüscher-Burckhardt, R., Die schweizerischen Börsen, Zürich 1914, S. 55.

aus, daß diese Position im Jahre 1909, einem Jahre großer Geldflüssigkeit und außerordentlich lebhaften Börsengeschäfts, ihr Maximum erreichte, um von da an bis zum Ausbruch des Weltkrieges ständig abzusinken.

c) **Der Kontokorrentkredit.** Die breiteste Erscheinungsform des Kontokorrentkredits beruht ausschließlich auf der Tätigkeit der Banken, während der Lieferantenkredit ständig an Umfang verliert. Diese Entwicklung zeigt die schweizerische Bankstatistik mit einer Steigerung der Kontokorrent-Debitoren von 1906 bis 1913 um rund 1 Milliarde Franken, nämlich von ca. 1400 bis ca. 2400 Millionen Franken. Gerade die Hälfte dieser Debitoren entfällt dabei 1913 auf die Großbanken, an der anderen Hälfte sind mit fast gleichen Summen zu je $^1/_3$ die Kantonalbanken und die Lokal- und Mittelbanken beteiligt, während die restliche Summe — nicht mehr ganz $^1/_6$ des Gesamtbetrages — sich auf die übrigen Bankgruppen verteilt.

Stellt man den Debitoren die Kontokorrent-Kreditoren der Banken gegenüber, so macht man die interessante Feststellung, daß diese nur wenig mehr als die Hälfte der Debitorenziffern betragen. Bei den Großbanken und besonders auffällig bei den Lokal- und Mittelbanken übersteigen die Debitoren sogar die Kreditoren um mehr als das Doppelte. Da diese große Differenz — insgesamt 1913 etwa 1200 Millionen Franken — nicht entfernt durch die eigenen Mittel der Banken, die neben der Anlage in Mobilien und Immobilien zu einem erheblichen Teil auch im Effekten- und Konsortialgeschäft festgelegt sind, gedeckt wird, so müssen die Banken also andere Gelder als die unter den Kontokorrent-Kreditoren befindlichen Kassenbestände und Reserven der Unternehmungen zur Kreditgewährung heranziehen. Wie die Bankbilanzen nun zeigen, sind dies hauptsächlich Spargelder, die teils als Depositen, teils als Spareinlagen, vor allem aber auch als Kassaobligationen verbucht werden. Mit anderen Worten besagt das also, daß die Banken dem Markt der langfristigen Kapitalanlagen Mittel entziehen, um diese auf dem Geldmarkt zu verwenden. Zwar sind an diesem Satze noch einige Einschränkungen zu machen, die Grundtatsache als solche bleibt aber doch bestehen.

Man kann auch die Debitoren nicht durchweg als kurzfristige Anlage bezeichnen, manche Kredite sind als stark immobilisiert zu betrachten. Doch bietet das Konsortialgeschäft der Banken hier die Möglichkeit, solche Kredite durch Umwandlung in Effektenform im Kapitalmarkt zu decken. Gewiß dienen auch die Kassaobligationen in erster Linie der Beschaffung von Mitteln zur Gewährung von Hypothekarkredit, doch tritt diese Bedeutung namentlich bei den Großbanken sehr zurück; dort finden sie hauptsächlich Verwendung im Kontokorrentgeschäft.

Man kann freilich auch nicht durchweg sagen, daß diese fremden Mittel allein dem Kapitalmarkte entstammen. Vor allem die eigentlichen Depositen, die jedoch an sich in der Schweiz keine große Rolle spielen, dürften zum Teil wohl als für eine mehr oder minder kurze Zeit festgelegte Mittel des Geldmarktes zu betrachten sein, während die als Spareinlagen bezeichneten Gelder überwiegend den Charakter der Kapitalanlage tragen, jedenfalls in einem sehr viel höheren Grade als die Depositen. Vor allem ist es vielfach üblich, die Spargelder, sobald sie eine geeignete Höhe erreicht haben, in die Form der Kassaobligationen zu überführen. Diese Gelder, die durchschnittlich etwa auf drei bis fünf Jahre fest angelegt werden, muß man dem Kapitalmarkt zurechnen, wenn sie auch im ganzen genommen noch eine gewisse Beweglichkeit aufweisen[1].

Ein Argument, das für die Zugehörigkeit dieser Gelder zum Kapitalmarkt spricht, ist auch die Verzinsung der Obligationen; die Banken suchen Zinsschwankungen nach Möglichkeit zu vermeiden. Als landesübliche Norm galt vor dem Weltkriege die 4proz. Verzinsung, die aber 1912 und 1913 infolge der ungünstigen Lage des Geldmarktes teilweise schon überschritten wurde und zögernd einer $4^1/_2$proz. Verzinsung in weiterem Umfange Platz machte[2]. Demgegenüber wies die Verzinsung der Kontokorrentkredite eine viel lebhaftere Veränderung auf, wie dies für den Geldmarkt ja überhaupt charakteristisch ist. Auch hier machte sich die Versteifung des Marktes geltend. 1912 war eine Belastung mit 5% Debetzinsen bei gedeckten Krediten üblich, 1913 stieg sie auf $5^1/_2$%, während die Kreditzinsen $3^1/_2$% bzw. 4% ausmachten. Die tatsächlichen Kosten der Kreditbeanspruchung sind ja nun bekanntlich hauptsächlich von der Art der Provisionsberechnung und der Valutierung der einzelnen Posten abhängig. Daß hier je nach der Güte des Schuldners und der Sicherheit des Kredits größte Verschiedenheit herrscht, zumal bei der Vielgestaltigkeit des schweizerischen Bankwesens, ist klar.

d) Die internationalen Beziehungen. Bei der schnellen Veränderlichkeit des Geldmarktes und der geringen Möglichkeit, seine Erscheinungen statistisch zu erfassen, ist es schwieriger, die internationalen Beziehungen auf dem Geldmarkte festzustellen als auf dem Kapitalmarkte. Wer will mit einiger Genauigkeit sagen, welchen Anteil das ausländische Kapital bei den Kontokorrentguthaben der schweizerischen Banken ausmacht, wieviel ausländische Gelder durchschnittlich in schweizerischen Privatdiskonten angelegt sind usw. Hier lassen sich natürlich nur Andeutungen geben.

---

[1] Vgl. auch S. 12ff.

[2] Über den Charakter der Kassaobligationen vgl. auch Landmann im Handwörterbuch der Staatswissenschaften, IV. Aufl., 2. Bd., S. 242/3 und dessen Polemik gegen Schulze-Gävernitz.

So läßt sich einmal feststellen, daß auf dem Markte der Privatdiskonten der französische Einfluß zu gewissen Zeiten, d. h. wenn der Schweizer Franken gegenüber Paris tief stand, nicht unbedeutend war. Oben war bereits ausgeführt worden, daß in den Vorkriegsjahren der schweizerische Privatdiskont stets über dem französischen stand. Dies begünstigte natürlich eine Verwendung von französischen Geldern auf dem schweizerischen Markt, da der Pariser Markt fast ständig einen Überfluß an Unterkunft suchenden Geldern aufwies. So kam es, daß das Wechselpensionsgeschäft mit Frankreich zeitweise nicht unbeträchtlich war, wobei die schweizerischen Banken natürlich das Kursrisiko tragen mußten. Dies war ja innerhalb der lateinischen Münzunion ein beschränktes. Seit dem Bestehen der Nationalbank hat diese es auch verstanden, unterstützt durch die günstigere Marktlage, die Kursdifferenzen in engeren Grenzen zu halten, als dies früher unter der Herrschaft der Konkordatsbanken der Fall war.

Eine Verwendung schweizerischer Gelder durch Inpensionnahme deutscher Wechsel scheint sich in recht engen Grenzen gehalten und nur zeitweilig bei günstigem Kursstande stattgefunden zu haben. Andererseits sollen aber wiederum den Banken seit etwa 1900 in wachsendem Umfange französische Gelder zugeflossen sein, die im Kontokorrentgeschäft Verwendung fanden, teilweise sogar als Kassaobligationen den Banken zur Verfügung gestellt wurden. Die westschweizerischen Institute wurden, wie es auch natürlich ist, dabei bevorzugt.

Müssen sich auch die schweizerischen Banken bei manchen überseeischen Transaktionen noch der Vermittlung englischer Banken bedienen — sie haben sich genau wie die Banken anderer Staaten der Weltgeltung des Pfundakzeptes für den gesamten Remboursverkehr zu fügen —, so nehmen sie trotzdem im internationalen Geschäft angesichts der Kleinheit des Landes eine bedeutende Stellung ein.

Abgesehen von einer schweizerisch-südamerikanischen Bank, die 1913 gegründet, bereits 1918 an eine französische Bank überging, besitzt das schweizerische Bankwesen nur eine Auslandsfiliale, und zwar in London, die aber dem schweizerischen Geldmarkt gerade in bezug auf das internationale Remboursgeschäft wertvolle Dienste leistet. Trotzdem besitzen die Schweizer Banken eine große Anzahl ausländischer Kunden und tragen so zu einer Verbreiterung des schweizerischen Geldmarktes außerordentlich bei. Zu diesen Kunden gehören nicht nur die über die ganze Welt verstreuten schweizerischen Auslandsfirmen, die an den heimischen Banken einen finanziellen Rückhalt suchen; auch ausländische Firmen bevorzugten häufig infolge des schon vor dem Weltkriege hervortretenden neutralen Charakters des Landes eine schweizerische Bankverbindung. Das gilt vorzugsweise für gewisse Industriezweige, wie etwa die Seidenindustrie. Eine besonders ausgedehnte

Klientel besaßen die Schweizer Banken unter der oberitalienischen Baumwollindustrie, die, ursprünglich von schweizerischen Unternehmern gegründet, auch nach ihrer Nationalisierung die alten Bankverbindungen beibehielt. Ferner standen das Elsaß und der angrenzende Teil Badens stark unter dem Einflusse des Baseler Geldmarktes.

Die schweizerischen Börsen waren Orte lebhafter Arbitragetätigkeit, was aus ihrer zentralen Lage zwischen Deutschland, Österreich, Italien und Frankreich leicht erklärlich ist. In Verbindung damit stand ein lebhaftes Devisengeschäft der Banken, besonders der Großbanken. Von Bedeutung für die schweizerischen Plätze waren nicht nur die Valuten der vier genannten Staaten, sondern auch die Valuten der Balkanstaaten spielten hier wie in Wien eine wichtige Rolle. Neben dem französischen Franken, der für die Regulierung zahlreicher ausländischer Verbindlichkeiten namentlich mit der Levante diente, war für den Bezug aus Übersee der Sterlingwechselkurs maßgebend.

Unter der Herrschaft der Konkordatsbanken trieb gewissermaßen jede Bank Devisenpolitik auf eigene Faust, soweit man hier von Politik überhaupt reden konnte. Die Notenbanken betrieben eben das Devisengeschäft vielfach nur zur Beschaffung von baren Zahlungsmitteln und sahen es demzufolge nur als notwendiges Übel an, zum anderen Teil betrachteten sie es aber nur als eine Gewinnquelle neben anderen[1].

Die Schweizerische Nationalbank suchte dagegen die Devisenkurse so zu beeinflussen, daß sich der schweizerische Franken möglichst nahe der Parität hielt. Es ist ihr auch gelungen, den schweizerischen Franken in größerer Nähe des französischen zu halten, als vorher. Damit entfiel schon zum größten Teil die Last, die die Silbergelddrainage dem schweizerischen Geldmarkt auferlegt hatte. Vor allem kam der Nationalbank eine günstigere Gestaltung der Handelsbilanz sowie die vermehrte Einfuhr französischer Kapitalien zu Hilfe. Des weiteren vermied sie es aber, bei ungünstigen Wechselkursen auf direktem Wege französische Devisen anzukaufen. Die Nationalbank hielt stets einen im Verhältnis zum Inlandportefeuille beträchtlichen Bestand an Devisen vorrätig, mit dem sie kursregulierend eingreifen konnte. Diese Maßnahme bewährte sich besonders 1911, als die französischen Banken infolge der sich bedrohlich entwickelnden politischen Lage bedeutende kurzfristige Guthaben aus dem Wechselpensionsgeschäft in überstürzter Weise zurückzogen.

Vor dem Weltkriege suchte die Nationalbank den Kurs des Schweizer Franken besonders durch über London geleitete Transaktionen zu regeln. Sie unterhielt stets große Pfundguthaben, die sie einmal zum Goldankauf, dann aber auch zum Ankauf von Scheck oder Auszahlung Paris verwandte, wenn der Kurs des Schweizer Franken sich zu weit

[1] Vgl. S. 5.

von der Devise Paris zu entfernen drohte. Auch Verkäufe von Londoner Guthaben in Paris wurden gelegentlich zur Stützung des Frankenkurses vorgenommen. Durch das schweizerische Ausfuhrgeschäft nach Übersee stand dem schweizerischen Geldmarkt ein Überschuß von englischen Devisen zur Verfügung, während zur Zahlungsregulierung mehr französische Valuta gefordert wurde.

Teilweise nahm die Nationalbank solche Ausgleichsoperationen auch mit deutschen, holländischen oder belgischen Devisen vor. Ein Halten von größeren Beständen in österreichischer oder italienischer Währung suchte man im allgemeinen zu vermeiden. Doch mußte z. B. die Nationalbank dafür sorgen, daß zur Jahresmitte stets ein größerer Bestand italienischer Guthaben vorhanden war, da der Seidenimport zu dieser Zeit bedeutende Beträge in italienischer Währung erforderte.

2. Der Kapitalmarkt.

a) Das Effektenkapital in der Schweiz. Das Kennzeichen des schweizerischen Kapitalmarktes ist eine weitgehende Ausbreitung des Effektenkapitalismus. Das gesamte schweizerische Volksvermögen ist dadurch in durchgreifender Weise mobilisiert. Nach einer Aufstellung Zollingers in seiner Bilanz der internationalen Wertübertragungen betrug Ende 1910 das in Effektenform gebrachte Geldkapital der Schweiz 9302 Millionen Franken bei einem Volksvermögen von etwa 30 Milliarden Franken. Nachstehende, der gleichen Quelle entnommene Aufstellung[1] gibt ein gutes Bild von der Zusammensetzung dieses Effektenbestandes:

Anleihen des Bundes	117,2 Mill. Fr.
„ der Kantone	611,4 „ „
„ der Städte	456,2 „ „
„ der Bundesbahnen	1363,8 „ „
„ der Privatbahnen	188,0 „ „
„ der Dampfschiffahrtsgesellschaften	4,2 „ „
„ der Banken	3231,4 „ „
„ der industriellen Unternehmungen	366,4 „ „
Total Obligationen	6338,5 Mill. Fr.
dazu Nominalwert sämtlicher Aktien-Emissionen	2963,2 „ „
Total	9301,7 Mill. Fr.

Die Angaben über die Anleihen der Städte beruhen auf der Finanzstatistik des 41 größere Stadtgemeinden umfassenden schweizerischen Städteverbandes. Der Anleihebedarf der kleineren Gemeinwesen — die Schweiz zählt insgesamt etwas über 3000 kommunale Verbände — ist verhältnismäßig recht gering und wird zum überwiegenden Teil nicht durch öffentliche Anleiheaufnahmen, sondern unter der Hand gedeckt,

[1] a. a. O. S. 145.

so daß er statistisch nicht erfaßbar ist. Die Anleihen der Banken umfassen auch die kurzfristigen Kassaobligationen sowie die Depositen. Letztere machen nach der schweizerischen Bankstatistik Ende 1910 386 Millionen Franken aus und wären nach unserer Auffassung hier eigentlich abzusetzen. Zu erinnern ist ferner daran, daß unter der Gruppe Banken hier auch die Trustgesellschaften figurieren, daß also der Natur dieser Unternehmungen als Kapitalanlage- und Finanzierungsgesellschaften entsprechend ein Teil des industriellen Anleihebedarfs sich unter der Rubrik Banken findet. Schließlich wäre noch darauf hinzuweisen, daß der Nominalwert der Aktien noch nicht genaue Schlüsse über das tatsächlich investierte Leihkapital zuläßt, während der Nominalwert bei Anleihen, wo wir nur mit einer bescheidenen Unterpari-, fast nie aber, im Gegensatz zu den Aktien, mit einer Überpari-Emission zu rechnen haben, viel genauere Anhaltspunkte darüber gibt.

Dieser Bestandsstatistik sei noch nachstehend eine die Beanspruchung des schweizerischen Kapitalmarktes durch Anleihe-Emissionen darstellende Bewegungsstatistik[1] gegenübergestellt. Danach betrug der Anteil der einzelnen Schuldnerkategorien am Gesamtanleihebedarf der Schweiz in den Jahren 1907 bis 1914:

	absolut (in Mill. Fr.)		in Prozent	
Eidgenossenschaft	136,5		5,210	
Schweizer Bundesbahnen	341,75		13,045	
Kantone	455,325		17,371	
Gemeinden	266,677		10,180	
		1200,252		45,816
Elektrizitätswerke	63,95		2,441	
Bahnen ausschließlich Bundesbahnen	195,87		7,477	
Banken	426,295		16,273	
Trusts	443,082		16,913	
Hotellerie	82,815		3,161	
Industrie	207,4485		7,919	
		1419,4605		54,184
		2619,7125		100%

Ergänzend sei hier noch bemerkt, daß man die Beanspruchung des Marktes durch Aktien-Emissionen allgemein auf etwa 35% der Gesamtbeanspruchung schätzte[2].

Doch vermögen diese Zahlenangaben noch kein zutreffendes Bild des schweizerischen Kapitalmarktes zu geben, wenn man nicht die gerade bei der Schweiz besonders lebhaften Beziehungen zu den aus-

[1] Entnommen aus: Laepple, V., Das schweizerische Emissionsgeschäft, Basel 1923. S. 401.

[2] Stucki, Die schweizerischen Effektenbörsen, Zürich 1924, S. 132.

ländischen Kapitalmärkten berücksichtigt. Vorher sind jedoch noch einige Erläuterungen zu den einzelnen vorstehend aufgeführten Positionen erforderlich.

b) Die öffentlichen Anleihen. Die Schulden der Eidgenossenschaft waren vor dem Weltkriege unbedeutend, allerdings waren sie zu unproduktiven Zwecken aufgenommen. Die Schulden der Schweizerischen Bundesbahnen sind zwar rechtlich auch als Schulden des Bundes aufzufassen, sie dienten aber zu produktiven Anlagen und verzinsten sich überdies aus dem Überschuß der Bahnen. Dem Charakter der Schweiz als Bundesstaat entsprechend, ruhte die Hauptlast der inneren Verwaltung auf den Kantonen. Daher wiesen diese auch vor dem Kriege eine viel höhere Verschuldung auf, als der Bund selbst. Doch konnten sie dafür im Gegensatz zum Bunde einen großen Teil produktiver Anlagen vorweisen. Seitz[1] schätzt diesen Anteil auf 75%; es fällt hier ins Gewicht, daß die Dotationskapitalien der Kantonalbanken durch Anleihe-Emissionen aufgebracht zu werden pflegten. Ebenso ist ein erheblicher Bruchteil der Anleihen der Städte und Gemeinden in produktiven Werten angelegt, so daß man zusammenfassend sagen kann, daß vor 1914 der schweizerische Kapitalmarkt durch Anleihen öffentlicher Körperschaften nicht übermäßig in Anspruch genommen wurde (abgesehen von der Tatsache, daß die öffentlichen Anleihen in Wirklichkeit zum großen Teile noch dazu Aufnahme auf dem französischen Markte fanden).

Interessant ist die Form der Anleiheaufnahmen. Hier findet sich eine deutliche Scheidung der Gewohnheiten zwischen dem östlichen, deutschen Teil der Schweiz, und dem westlichen, welschen Teil. Das von jenem bevorzugte System der „kleinen Anleihen" ist historisch durch die anfängliche Kleinheit der Märkte in der Schweiz zu erklären. Entsprechend der politischen Zersplitterung blieb jeder Kanton und jedes Gemeinwesen überhaupt auf seinen lokalen Markt und höchstens noch dessen nähere Umgebung beschränkt. Der eng begrenzte Markt bedeutete nun eine Erschwerung der späteren Wiederveräußerung von solchen Werten, daher war man bei der Ausgabe auf die Aufnahmefähigkeit der Kreise beschränkt, die die Anleihen als dauernde Kapitalanlage betrachteten. Dies bedingte die Emission geringer Anleihebeträge, die sich dann naturgemäß öfter wiederholte. Eine weitere Folge dieser kleinen Summen war die, daß die Anleihen nicht als Tilgungsanleihen ausgestattet wurden, sondern mit ihrem Gesamtbetrage nach verhältnismäßig kurzer Frist, meist schon nach 10 Jahren, fällig wurden. Dies führte dann in der Regel zu einer Konversion der Anleihe. Bei diesem System waren schwebende Schulden nur in geringem Maße vorhanden. Stellten sich in den Zwischenräumen zwischen den Anleiheemissionen

[1] Schweizerische Anleihepolitik, Zürich 1915, S. 27.

Geldbedürfnisse ein, so wurden diese durch Kontokorrentkredite bei den Kantonalbanken, für die Städte auch bei den Lokalbanken sowie durch Wechselausstellung (Eigenbillets) befriedigt[1].

Im Gegensatz hierzu befolgen die Kantone und Städte der französischen Schweiz die Aufnahme größerer Anleihen in längeren Abständen. Diese Anleihen sind dann auch meist 40 bis 60 Jahre laufende Tilgungsanleihen. Die Tilgung geschieht in der Regel auf dem Wege der Verlosung. Die hiermit verbundene, für das Publikum oft recht lästige Verlosungskontrolle hat vor allem auch die Versuche einer Einführung dieses Anleihetyps in der deutschen Schweiz scheitern lassen. Die größeren Zwischenräume zwischen den einzelnen Emissionen verursachen hier das Auftreten von schwebenden Schulden, die, soweit sie nicht vorerst durch Benutzung von Bankkredit gedeckt werden, in der Regel zur Ausgabe von Kassenscheinen mit kürzerer Laufzeit (1 bis 2 Jahre) führen, bis sie später durch die Ausgabe fester Anleihen konsolidiert werden. Der Bund hat sich mit seiner Anleihepolitik bis zum Weltkriege diesem westschweizerischen System angeschlossen. Das gleiche gilt von den schweizerischen Bundesbahnen. Für diese ist die Finanzierung durch Tilgungsanleihen mit 60jähriger Laufzeit gesetzlich festgelegt worden. Hiervon gibt es aus besonderen Gründen nur zwei Ausnahmen[2]. Ebenso hat der Bund seit 1870 keine Kassenscheine ausgegeben, die Bundesbahnen nur 1908 solche mit dreijähriger Laufzeit, da die Lage des Kapitalmarktes seinerzeit für die Ausgabe langfristiger Obligationen ungünstig erschien; diese wurden 1911 prolongiert und 1914 kurz vor Ausbruch des Weltkrieges in eine feste Anleihe umgewandelt.

Eine Ausgabe von eigentlichen Schatzwechseln zur Deckung schwebender Schulden — Reskriptionen genannt — findet sich nur bei einigen, meist westschweizerischen Kantonen und Städten. Einen großen Umlauf an solchen Schatzwechseln wiesen vor dem Weltkriege hauptsächlich Kanton und Stadt Genf auf. In der Regel pflegten die dem betreffenden Gemeinwesen nahestehenden Banken, in erster Linie also die Kantonalbanken, diese Schatzwechsel zu diskontieren.

Eine Gewährung von Darlehen an Gemeinden gegen Ausgabe von Kommunalobligationen, wie sie die deutschen Pfandbriefinstitute ausgeben, findet in der Schweiz nicht statt. Neben der Erteilung von Kontokorrent- und Wechselkrediten an Gemeinden, deren Umfang aus den Bankbilanzen nicht hervorgeht, haben die Banken eine im ganzen nicht erhebliche Summe als Darlehen an Gemeinden ausgewiesen; den Hauptanteil hieran weisen die Kantonalbanken auf.

Für die Übernahme dieser öffentlichen Anleihen und ihren Absatz an das Publikum hatte sich in den letzten Jahren vor dem Weltkriege

---

[1] Seitz, a. a. O. S. 31. [2] a. a. O. S. 88.

eine feste Organisation herausgebildet. Anläßlich der Verstaatlichung des schweizerischen Eisenbahnnetzes bildete sich 1897 eine Verbindung zwischen verschiedenen schweizerischen Großbanken zwecks gemeinsamer Durchführung der erforderlichen Finanzoperationen, aus dem sich dann durch den Beitritt der restlichen Großbanken das Kartell schweizerischer Banken entwickelte. Dieses Großbankenkartell hatte sich zur Aufgabe gemacht, die Anleihen der öffentlichen Körperschaften auf gemeinsame Rechnung zu übernehmen und zu emittieren.

Vorübergehend versuchte der Verband der schweizerischen Kantonalbanken solche Emissionsgeschäfte selbständig durchzuführen im Konkurrenzkampf gegen das Bankenkartell. Da jedoch der Kantonalbankenverband zu der Überzeugung kam, daß seine Placierungskraft auf die Dauer dazu nicht ausreichen würde, verständigte er sich bereits 1911 mit dem Kartell schweizerischer Banken zu gemeinsamem Vorgehen bei der Übernahme der Anleihen öffentlicher Körperschaften. Damit hatten sich die Banken eine Monopolstellung auf diesem Gebiete errungen, die nur unwesentlich gemildert wurde durch den Wettbewerb ausländischer, besonders französischer Bankinstitute[1].

c) **Der private Kapitalbedarf.** Auf dem Gebiete der Emission von Werten nichtöffentlicher Körperschaften blieb die freie Konkurrenz bestehen. Doch herrschte hier infolge des größeren Risikos die Tätigkeit der Großbanken auch weiterhin vor. Allerdings ließen die Eigenart der schweizerischen Industrie, ihre Zusammensetzung vorzugsweise aus Mittel- und Kleinbetrieben, sowie der Kapitalreichtum des Landes keine derartige Abhängigkeit der Unternehmungen von den Banken aufkommen, wie etwa in Deutschland oder gar in Österreich. Erst das Aufkommen der Großindustrie, besonders auf dem Gebiete des Maschinenbaues und der Elektrizitätsindustrie mit ihrem außerordentlich großen Bedarf sowohl an Anlage- wie an Betriebskapital brachte für diese Zweige eine engere Anlehnung an die Banken mit sich. In der Westschweiz mit ihrer vorherrschenden Uhrenfabrikation und Bijouterieindustrie fehlen dagegen diese engeren Beziehungen der Banken zur Industrie.

Neben der eigentlichen Industrie nahmen besonders die Bergbahnen den schweizerischen Kapitalmarkt in Anspruch. Das für den Wirtschaftsverkehr des Landes in Betracht kommende Bahnnetz war fast restlos in Händen des Bundes. Hier handelt es sich um Bahnen, die eigens für den Touristenverkehr gebaut waren. In solchen Bahnbauten, befördert durch den kantonalen und lokalen Ehrgeiz, wurde verhältnismäßig viel Kapital investiert, so daß der Ertrag der darin festgelegten Kapitalien oft recht schwankend — je nach dem Ausfall der Fremdensaison —, meist aber ziemlich gering war. In der Emission dieser Werte

[1] Vgl. dazu die ausführliche Darstellung bei V. Laepple, a. a. O. S. 167ff.

betätigten sich neben den Kantonalbanken besonders die Lokal- und Mittelbanken, weniger die Großbanken.

Die Inanspruchnahme des Kapitalmarktes durch das Hotelgewerbe ist eine weitere schweizerische Eigentümlichkeit; doch wirkt sich dies vorzugsweise auf dem Gebiet des Hypothekenkredits aus.

Die bei weitem größte Belastung des Kapitalmarktes — größer als die von seiten der Industrie — geht dagegen von den Banken und von den Trustgesellschaften aus. Die Beanspruchung durch die Banken — vor allem durch die Obligationenausgabe — bedeutet zum großen Teil eine Versorgung der Nachfrage nach Hypothekarkredit, die durch die Trustgesellschaften eine Zuführung von Mitteln an Industrien auch fremder Länder.

Die Trusts[1], die zum großen Teil von der schweizerischen Bankstatistik erfaßt werden, verleihen infolge ihrer Verbreitung dem schweizerischen Kapitalmarkt einen ganz besonderen Charakter. Zwar sind solche Finanzierungs- und Beteiligungsgesellschaften in allen kapitalistischen Ländern vertreten, nirgends haben sie aber eine im Verhältnis zum Markte so bedeutende Ausdehnung erfahren. Es sind teils reine Kapitalanlage-, teils Finanzierungs- und Holdinggesellschaften. Vorzugsweise betätigen sie sich auf dem Gebiet der Elektrizitätsindustrie und des Verkehrswesen. Daß sie sich aber auch in andern Industriezweigen finden, beweisen Namen wie die der Maggi-Gesellschaft und der Anglo-Suiss condensed milk Company.

Das gemeinsame Kennzeichen aller dieser Gesellschaften ist eine im Verhältnis zum Gesellschaftskapital recht bedeutende Obligationenausgabe. Gerade bei den Trustbanken herrscht die langfristige Obligation vor; eine Finanzierung mit kurzfristigen Kassenscheinen kennen diese Institute nicht. Da die Anlage in solchen Werten immerhin ein gewisses Risiko bot, gewährten sie für ihre Obligationen meist eine etwas höhere Verzinsung als die sonst übliche. Dank der regelmäßig durchgeführten Verzinsung betrachtete man aber vor 1914 diese Trustobligationen immerhin noch als solide Kapitalanlage auch für den kleinen Kapitalisten.

d) Der Hypothekarkredit im besonderen. Wie bereits früher erwähnt, war in der Schweiz ein erheblicher Bedarf an Hypothekarkredit vorhanden, der zum größten Teil von den Banken befriedigt wurde. Man rechnete mit einem jährlichen Neuzugang von Hypotheken in Höhe von etwa 200 Millionen Franken. Die Bankstatistik zeigt eine Zunahme der

---

[1] V. Laepple umschreibt den Begriff des Trusts folgendermaßen (a. a. O. S. 94/95): „Das Kriterium, welche Unternehmungen als Trusts bezeichnet werden sollten, lag im wirtschaftlichen Gesamtcharakter der Unternehmertätigkeit, der sich seinerseits wieder am zweckmäßigsten aus dem Verhältnis zwischen dem in Effekten und Beteiligungen angelegten Kapital und der Bilanzsumme ergab.“

Hypothekenbestände bei der Gesamtheit der Banken, die zwischen 145 Millionen Franken (1913) und 244 Millionen Franken (1911) schwankt Im Durchschnitt der letzten sieben Vorkriegsjahre ergibt sich bei diesen eine Zunahme von 188 Millionen Franken pro Jahr und damit die geringe Bedeutung der privaten Geldgeber auf den Hypothekenmarkt. Charakteristisch für die Schweiz ist das Zurücktreten der Amortisationshypothek. Man hatte zwar vor 50 bis 60 Jahren bereits bei Gründung der Aktienhypothekenbanken den Versuch gemacht, sie einzuführen. Die Hypothekenschuldner hatten sich aber durchaus ablehnend verhalten. Daß auch der Landwirt keine Vorliebe für sie gezeigt hat, ist wohl aus der zunehmenden Intensivierung des landwirtschaftlichen Betriebes zu erklären, die eine Entschuldung des Bodens nicht zuließ, sondern im Gegenteil ständig die Zuführung neuen Leihkapitals erforderlich machte. Dies auch besonders deshalb, weil bis zum Weltkriege die Lage der Landwirtschaft in der Schweiz nicht besonders glänzend zu nennen war und die Kapitalbildung daher bei ihr keine erheblichen Fortschritte machte[1].

Neben der Landwirtschaft wies die Hotellerie noch ein erhebliches Bedürfnis nach Immobiliarkredit auf. In Fremdenhotels wurden seit einigen Jahrzehnten, besonders seit dem ersten Jahrzehnt dieses Jahrhunderts, ganz bedeutende Kapitalien investiert, wobei der Hypothekarkredit eine große Rolle spielte. Dies führte bei einzelnen Banken — z. B. bei der Graubündner Kantonalbank — zu einer ständig wachsenden Durchsetzung des Hypothekenbestandes mit solchen Hotelhypotheken. Dieser Umstand hat auf dem Platz Lausanne zu einer besonderen Form der Mobilisierung solcher Hypotheken geführt. R. Lüscher-Burckhardt schreibt[2] darüber: „Die von den Bankhäusern auf Immobilien gewährten hypothekarischen Darlehen, fünf, zehn oder mehr Jahre fest laufend, werden, um besser placiert werden zu können, oft in Delegationen von 500 oder 1000 Franken mit halbjährlichen Coupons auf den Inhaber lautend eingeteilt und von den Kapitalisten des Platzes gern genommen.“

Auch der industrielle Grundpfandkredit weist mancherlei Übergänge auf zwischen reinem Hypothekarkredit und einem nur hypothekarisch gesicherten Kontokorrentkredit. Dies gilt namentlich für den kleineren Unternehmer, bei dem diese Grenze oft schwierig zu ziehen ist. Verwischt wird der Unterschied ferner noch dadurch, daß selbst die Kantonalbanken eingestandenermaßen in der Belehnung von Grundstücken recht weit gehen, sobald sie noch zusätzliche Sicherungen durch Bürgschaften oder anderer Art erlangen[3].

---

[1] Landmann, J., Bankpolitische Tagesfragen, Basel 1913, S. 4.
[2] a. a. O. S. 94.
[3] Stampfli, A., Die schweizerischen Kantonalbanken, Zürich 1914, S. 57.

Das Hypothekargeschäft ist also gar nicht so scharf von dem übrigen Bankgeschäft zu trennen, wie das etwa in Deutschland möglich ist. Erschwert wird diese Übersicht ferner noch dadurch, daß sich fast alle Bankkategorien mehr oder minder lebhaft am Grundkreditgeschäft beteiligen. Daher kann man auch nicht genau sagen, welche Mittel von den Banken gerade für das Grundkreditgeschäft aufgebracht sind. Einem von den Banken ausgewiesenen Hypothekenbestande von 3863 Millionen Franken im Jahre 1913 stehen Bankobligationen in Höhe von 3910 Millionen Franken gegenüber.

Wie S. 12 erwähnt, bestehen in einigen Kantonen gesetzlich fixierte Maximalhypothekenzinsfüße, die zur Gewährung von Hypothekarkrediten in Form von Lombardvorschüssen auf Hypothekartitel führen, so daß auch in den Vorschüssen auf feste Termine tatsächlich manch hypothekarisches Darlehen steckt. Andererseits besaßen auch einzelne Banken größere Beträge von Auslandhypotheken.

Der Hauptteil der Mittel zur Gewährung des Hypothekarkredits ist nun sicher durch die Obligationenausgabe aufgebracht worden. Doch ist ein Teil auch der in Form von Spareinlagen gesammelten Gelder in Hypotheken angelegt worden[1]. Dies gilt besonders von den Sparkassen, die 1913 einen Hypothekenbestand von 552 Millionen Franken aufweisen. Andererseits dient auch ein erheblicher Teil des 1913 671 Millionen Franken betragenden Bestandes der Großbanken an Obligationen nicht zur Finanzierung von Hypothekarkrediten[2]. Trotz dieser Abstriche kann man aber immer noch sagen, daß der schweizerische Hypothekarkredit auf der Obligationenausgabe der Banken basiert.

Wie sehen aber diese Obligationen aus? Nur zum kleineren Teile sind es langfristige Schuldverschreibungen. Diese finden sich besonders bei den Aktienhypothekenbanken, aber auch hier erreichen sie bei weitem nicht die Hälfte der Gesamtobligationenausgabe, wenn sie auch deutlich eine langsam wachsende Tendenz aufweisen. Der Bestand der Kantonalbanken an solchen langfristigen Obligationen ist ebenso wie bei den Großbanken verhältnismäßig gering, bei den übrigen Bankgruppen ganz unbeträchtlich. Vor allem aber weisen diese langfristigen Schuldverschreibungen, die meist an der Börse notiert werden, keine Spezialsicherheit durch die Pfandobjekte auf. Hier haben nur die Schweizerische Bodenkreditanstalt und die Bodenkreditbank in Basel begonnen, ihre Hypotheken durch Faustpfandvertrag mit einem Treuhänder als Sicherheit für ihre Obligationen zu hinterlegen, ein immerhin umständlicher und Kosten verursachender Weg. Als Hindernis bei der Ausbreitung der langfristigen Schuldverschreibungen steht auch das

---

[1] Landmann, J., Bankpolitische Tagesfragen S. 22, und Stampfli, A. a. a. O. S. 47 und 62.

[2] Vgl. S. 38.

Fehlen der fortlaufenden Emission im Vordergrunde. Dies macht bei kotierten Obligationen die Anpassung der Mittelbeschaffung an den Bedarf unmöglich. Die ruckweise Versorgung mit fremden Mitteln wirkt natürlich kostenerhöhend.

Daher beherrscht immer noch die kurzfristige Bankobligation den Markt, trotz der mancherlei Anfeindungen, die sie erfahren hat. Ihrer historischen Entstehung aus Sparguthaben entsprechend ist sie vor allem kein an der Börse notiertes Wertpapier, wenn sie auch — sie kommt sowohl als Inhaber- wie als Namenpapier vor — äußerlich die Wertpapierform besitzt. In der Regel werden die Obligationen auf 3 bis 5 Jahre fest begeben, doch kommen auch längere sowie kürzere Fristen vor. Abgesetzt wird sie im laufenden Verkehr an den Schaltern der Bank. Nach Ablauf ihrer festen Laufzeit unterliegt sie entweder einer 3—6monatigen Kündigungsfrist oder ihre Verzinsung hört automatisch auf. Für die feste Laufzeit ist sie in der Regel mit halbjährlich zahlbaren Zinscoupons ausgestattet. Die Ausgestaltung im einzelnen kann also höchst verschieden sein. Doch ist die Stückelung meist auf 1000 und 500 Franken beschränkt. Dieser letztere Betrag ist eine Konzession an die Westschweiz, die wie Frankreich eine Vorliebe für diese Stückelung besitzt. Bei auf den Namen lautenden Obligationen beschränkt man sich mitunter auch nur auf die Forderung nach Teilbarkeit des Betrages durch 100. Diese Kassaobligationen — auch Kassascheine genannt — sind hauptsächlich auf dem deutschschweizerischen Geldmarkt vertreten; wie auch auf dem Gebiete der öffentlichen Anleihen die Westschweiz die langfristigen Anleihen bevorzugt, so kann man dies ähnlich bei der Finanzierung des Hypothekarkredits beobachten.

Der Form der Aufbringung der Mittel muß sich natürlich auch die Gestaltung der Hypothek anpassen. Sie wird von den Instituten in der Regel zuerst auf 3 bis 5 Jahre fest begeben, angepaßt an die Laufzeit der Obligationen, und ist dann mit einer Frist von 3 bis 6 Monaten kündbar. Doch steht diese Anpassung der Laufzeit nur auf dem Papier. Tatsächlich rechnet der Hypothekenschuldner nicht mit einer Rückziehung des Darlehens, sondern höchstens mit der Änderung des Zinsfußes.

Demgegenüber sind die Obligationengelder viel beweglicher und suchen viel eher eine Anpassung an die günstigste Verzinsungsmöglichkeit. Wenn auch die Obligationen vielfach aus der Umwandlung von Spareinlagen entstehen, so rühren doch auch bedeutendere Summen von größeren Kapitalisten her, die einen Zinsgewinn genauer zu kalkulieren pflegen als der kleine Mann. Eine Folge davon ist eine häufigere Änderung der Obligationenzinsen, die sich der wechselnden Kapitalmarktlage viel mehr anschmiegen, während dies bei den langfristigen Schuldverschreibungen ja nur in der Kursentwicklung zum Ausdruck kommt; die Folge ist eine ständige Rückwirkung auf den Hypothekarzinsfuß, der so eine lebhaftere Bewegung aufweist, als dies etwa in Deutschland der Fall ist. In Anpassung an die allgemeine Tendenz zeigt der Hypothekarzinsfuß in den letzten Vorkriegsjahren eine ständige Erhöhung. Trotz dieser Erhöhung finden wir seit 1911 einen Rückgang der von Privaten ausgegebenen Hypothekengelder und ein vermehrtes Eindringen der Banken auf dem Hypothekenmarkt.

e) **Die internationalen Beziehungen.** Das Bild des schweizerischen Kapitalmarktes wird erst vervollständigt durch die Darstellung seiner Beziehungen zum internationalen Kapitalmarkt. Die innige Verflechtung der nationalen Wirtschaft mit der Weltwirtschaft ist für die Schweiz eine Notwendigkeit, da das Kapital innerhalb des Landes trotz des hoch entwickelten Gewerbefleißes nicht mehr die erforderliche zinstragende Verwendung finden kann. Betrachtet man die Handelsbilanz des Landes mit ihrem ständigen Einfuhrüberschuß von durchschnittlich 550 Millionen Franken in den Jahren vor dem Weltkriege, so wird es klar, daß der Ausgleich der Zahlungsbilanz durch andere Posten geschaffen werden muß.

Untersuchungen über die Ausgleichung der schweizerischen Zahlungsbilanz sind bereits vor dem Weltkriege mehrfach angestellt worden; sie endeten meist mit einer Schätzung eines Aktivsaldos der schweizerischen Zahlungsbilanz von 100 bis 150 Millionen Franken pro Jahr. Die Hauptposten des unsichtbaren Teils dieser Zahlungsbilanz sind einmal die Einnahmen aus dem Fremdenverkehr, die sich mindestens auf die Hälfte bis zwei Drittel des Einfuhrüberschusses belaufen. Dann dient aber zum Ausgleich neben einigen kleineren Posten — wie Gebühren aus dem Bank- und Versicherungsgeschäft, Transitgüterverkehr usw. — vor allem der Ertrag der auswärtigen Kapitalanlagen abzüglich der für die Verschuldung an das Ausland gezahlten Passivzinsen. Man schätzte die Auslandguthaben der Schweiz vor dem Weltkriege — wie sich nachher herausstellte wohl um die Hälfte zu niedrig — auf rund 4 Milliarden Franken[1], ein Betrag, der zu 5% kapitalisiert, ein Einkommen von jährlich 200 Millionen Franken ergab, während die Verschuldung an das Ausland mit anderthalb Milliarden Franken bei einer 3- bis $3^1/_2$proz. Verzinsung die Schweiz mit kaum mehr als 50 Millionen Franken belastete. In Wirklichkeit muß sich aber die Einkommensbilanz aus dem erwähnten Grunde noch günstiger für die Schweiz gestellt haben, so daß man einen Kapitalexport von jährlich 150 Millionen Franken als Mindestziffer annehmen darf.

Dieser Kapitalexport ist schon eine Jahrhunderte alte Erscheinung in der Schweiz, die, wie Landmann gezeigt hat, nur zu Zeiten der

[1] Geering in der Zeitschrift für schweizerische Statistik und Volkswirtschaft, Jahrgang 1920.

Industrialisierung des Landes vorübergehend aussetzte[1]. Vor allem die Überführung des schweizerischen Bahnnetzes in Bundesbesitz um die Jahrhundertwende zeitigte sogar die Erscheinung eines lebhaften Kapitalimportes. Doch verhielt es sich tatsächlich so, daß französisches Kapital einströmte, um zu billigem Zinsfuß die neugeschaffenen Staatswerte zu übernehmen, während das schweizerische Kapital eine lohnendere Verzinsung in industriellen Anlagen vorzugsweise im Ausland suchte.

Schon seit 1870, wo französisches Kapital Schutz in der neutralen Schweiz suchte, beginnt das Einströmen fremden Kapitals. Bis Ende der 80er Jahre hatte auch Deutschland sich an der Übernahme schweizerischer Anleihen beteiligt. Seitdem aber hörte dies auf, weil die rasche Industrieentwicklung der deutschen Kapitalausfuhr nicht förderlich war. Außer dem deutschen Besitze an schweizerischen Anleihen, der nur auf etwa 130 Millionen Franken geschätzt wurde, war Deutschland noch in beschränktem Umfange an industriellen und Trustgesellschaften beteiligt; es seien nur die Bank für elektrische Unternehmungen, die Gesellschaft für elektrische Industrie sowie die schweizerische Gesellschaft für Metallwerte erwähnt.

Weit bedeutender war dagegen der französische Besitz an schweizerischen Anleihen. Die Übernahme der schweizerischen Privatbahnen in den Bundesbesitz war geplant durch Ausgabe einer $3^1/_2$proz. Anleihe. Als man jedoch zur Ausgabe schritt, erwies sich der schweizerische Markt für eine so niedrig verzinsliche Anleihe nicht mehr aufnahmefähig. Man wandte sich daher an den französischen Markt, der auch wirklich vier Fünftel von den 500 Millionen Franken der großen $3^1/_2$proz. Bundesbahnanleihe von 1899/1902 Serie A—K aufnahm. Die Aufnahmefähigkeit des französischen Marktes war teilweise eine Folge der vorhergehenden Konversion der französischen Rente, die den französischen Kapitalisten zur Kapitalanlage in höherverzinslichen Auslandwerten drängte, teilweise vielleicht auch die Folge einer Verstimmung des französischen Sparers gegenüber seiner damaligen politisch radikalen Regierung. Jedenfalls fanden neben dieser großen Anleihe auch manche andere — sowohl Bahnanleihen wie auch Anleihen der Kantone Bern, Freiburg, Genf u. a. m. — einen willigen Markt in Frankreich.

Allerdings mußten all diese Anleihen in bezug auf Verzinsung (gegebenenfalls durch Unterpariemission), Laufzeit und Tilgung den Gewohnheiten des französischen Kapitalisten angepaßt sein. Man rechnete schließlich damit, daß von der Gesamtverschuldung der Schweiz ans Ausland in Höhe von anderthalb Milliarden Franken mindestens eine Milliarde Franken in französischen Händen war. Es kommen hier nicht nur die Summen in Frage, die von den französischen Banken direkt

[1] In der Zeitschrift für schweizerische Statistik und Volkswirtschaft, Jahrgang 1916.

emittiert worden sind, sondern schweizerische Banken besaßen auch erhebliche Beträge für französische Rechnung. Von den Depots im Werte von 5 Milliarden Franken, die die schweizerischen Banken verwalteten, hielt man 2 Milliarden allein für ausländischen Ursprung; natürlich waren diese 2 Milliarden zum großen Teil auch in nichtschweizerischen Werten angelegt.

Entsprechend der betriebsamen Natur des Schweizers überhaupt bevorzugt dieser auch bei Kapitalanlagen vielfach die Anlage in Industriewerten vor der in sicheren, aber niedriger verzinslichen Staatspapieren. Daraus ergibt sich auch der angesichts des Kapitalreichtums des Landes relativ hohe landesübliche Zinsfuß. Schon die Emissionsstatistik zeigt das Zurücktreten der öffentlichen Werte, das noch durch den Import ausländischer Industrie- und Bahnwerte vermehrt wird. Weisen doch die Börsen von Basel und Zürich über 20%, Genf sogar 40% notierte ausländische Werte auf.

Der schweizerische Unternehmer findet sich in allen Erdteilen, in Anbetracht der geringen Volkszahl sogar relativ recht häufig. Auf einzelnen Gebieten, so im internationalen Hotelwesen in der Levante, wie in Italien und Südfrankreich überhaupt, hat er eine erhebliche Bedeutung erlangt. Soweit er sich dabei aber nicht des in Effektenform gekleideten Leihkapitals bedient, ist seine Bedeutung für den Kapitalmerkt zahlenmäßig nicht zu erfassen. Dagegen ist die Tätigkeit der Trusts bedeutungsvoll, die in Elektrizitätswerken wie auch in anderen Unternehmungen ein beträchtliches Kapital im Auslande angelegt haben. Als Hauptgebiete für die Tätigkeit schweizerischen Kapitals kann man neben der Elektrizitätsindustrie Frankreichs und Italiens die kapitalzufuhrbedürftigen Gebiete Osteuropas bezeichnen, wie Österreich-Ungarn, Rumänien und die Balkanländer. Ferner ist schweizerisches Kapital sowohl an kleinasiatischen Bahnbauten wie auch an südamerikanischen und mexikanischen Anlagen interessiert.

In Deutschland waren etwa 150 Millionen Schweizer Franken in Hypotheken angelegt, die übrigen Beteiligungen der Schweiz an deutschen Unternehmungen waren nicht so zahlreich, wie man bei den innigen Wirtschaftsbeziehungen zwischen den beiden Ländern hätte vermuten können. Ferner war die Schweiz noch in einigem Umfange am ungarischen Grundkreditgeschäft und in beschränktem Maße an dem Frankreichs beteiligt.

III. Der Einfluß des Weltkrieges auf die Märkte.

1. Die internationalen Beziehungen.

a) Währung und Wirtschaftslage. Das große Völkerringen der Jahre 1914 bis 1918 gestaltete nicht nur die Landkarte und die Gebietsgrenzen um, auch auf wirtschaftlichem Gebiete hinterließ es die schwersten Spuren. Die Veränderungen, die der Krieg verursacht hat, sind nur teilweise beseitigt, und die Lage hat sich erst allmählich soweit geklärt, daß man einigermaßen die dauernden Abweichungen von den nur vorübergehenden Nachwirkungen des Weltkrieges unterscheiden kann.

Der Natur der Märkte entsprechend erscheinen die Änderungen auf dem Kapitalmarkte dauernder und nachhaltiger als die auf dem Geldmarkte. Da aber auf beiden Gebieten der Anstoß zu der oft tiefgreifenden Umgestaltung von außen her gekommen ist, dürfte es zweckmäßiger sein, jetzt die Erörterung der internationalen Beziehungen in den Vordergrund zu stellen. Die Umgestaltung der heimischen Märkte ergibt sich dann als naturgemäße Folgeerscheinung dieser veränderten Außenbeziehungen der Wirtschaft.

Die Ereignisse des Jahres 1914 lassen eigentlich keinen Vergleich zu mit denen von 1870. Und doch haben die bösen Erfahrungen dieses Jahres sicherlich in mancher Hinsicht als Warnung gedient.

Bei Ausbruch des Weltkrieges trug nur etwa zwei Fünftel des im Lande umlaufenden Geldes schweizerisches Gepräge. Hier machte sich die Zugehörigkeit zur lateinischen Münzunion aufs unangenehmste bemerkbar. Schon Ende Juni 1914, sobald sich die Lage bedrohlich zuspitzte, wurde der Geldumlauf des Landes auf eine harte Probe gestellt, als das Fremdenpublikum mitten in der Saison die Schweiz in fluchtartiger Hast verließ. Und doch bedeutete dies in der Hauptsache nur einen Entzug von fremden Geldsorten und Banknoten, die der Reiseverkehr ins Land gebracht hatte und die die Nationalbank jetzt an Stelle von heimischen Goldmünzen wieder abgab.

Viel schwerer wirkten sich die Ereignisse auf dem Devisenmarkte aus. Die Bedeutung der durch den Fremdenverkehr in Bewegung gesetzten Gelder — man schätzte sie auf über $^1/_4$ Milliarde Franken im Jahresdurchschnitt — tritt zurück gegenüber den gegenseitigen Verpflichtungen aus dem internationalen Warenverkehr, die den überwiegenden Teil der gesamten Zahlungsbilanz ausmachen. Hier trat mit einem Schlage eine vollständige Unterbrechung ein. Nicht nur der Güterverkehr, auch der Post- und Telegraphenverkehr außer Landes stockte vollkommen. War doch die Schweiz seit dem 2. VIII. 1914 auf drei Seiten von kriegführenden Staaten umgeben. Hier ist als erschwerender Umstand die Kleinheit des Landes zu berücksichtigen, die einen sich selbst genügenden Markt überhaupt nicht aufkommen ließ, was bei der überwiegend auf die Ausfuhr und den Luxusverbrauch eingestellten Industrie der Schweiz leicht begreiflich ist. So war auch die Schweiz bei Ausbruch des Weltkrieges nur für 6 Wochen mit Getreide versorgt. Wahrlich eine nicht leichte Situation angesichts der geographischen Lage der Schweiz. Alles dies muß man sich vor Augen halten, wenn man die Kursentwicklung des Schweizer Franken verstehen will. Die Entwicklung der Handelsbilanz allein während dieser Kriegsjahre würde nicht die nötige Erklärung hierfür abgeben.

Die Zeit der vollkommenen Zahlungsstockung war freilich nur kurz. Bald führten die dringenden Bedürfnisse der kriegführenden Länder sowohl wie die Lebensbedürfnisse der Schweiz selbst zu einer langsamen Wiederingangsetzung des Zahlungsverkehrs. Aber es fehlte hier vollkommen die Übersichtlichkeit des Marktes. Man konnte auf dem Devisenmarkte Angebot und Nachfrage weder zeitlich noch örtlich ausgleichen. Die Arbitragetätigkeit war nahezu völlig lahmgelegt. Vor allem aber hatte das Gold seine Rolle als Ausgleichsfaktor ausgespielt. Nicht nur die ausländischen Staaten, sondern auch die Schweiz selbst hatten die Einlösbarkeit ihrer Noten aufgehoben und ihnen Zwangskurs verliehen; es war also nur noch reines Papiergeld im Umlauf.

Im weiteren Verlauf der Kriegsjahre setzte nun zwar eine zeitweise recht lebhafte Arbitragetätigkeit ein, aber sie hatte unter ganz veränderten Umständen zu arbeiten. Vor allem fehlte ihr die Möglichkeit des zeitlichen Ausgleichs zwischen Angebot und Nachfrage, weil der langsichtige Wechsel völlig verschwand, die Auszahlung und der Scheck den Markt beherrschten, da niemand mehr beim regulären Warengeschäft das Wagnis der Kursentwicklung tragen wollte, das ja bei der Papierwährung unbegrenzt war. Es bürgerte sich sogar umgekehrt das System der Vorauszahlungen ein. Sobald jemand eine langfristige Verbindlichkeit in Devisen einging, trug dieses Geschäft den Stempel der Spekulation nur zu deutlich an sich.

Weiter wirkte auf die Valuta die veränderte Gestaltung der Zahlungsbilanz ein. In den letzten Jahren vor 1914 wies der wichtigste Teil der Zahlungsbilanz, die Handelsbilanz, einen Passivsaldo zuungunsten der Schweiz von durchschnittlich 550 Millionen Franken im Jahr auf. Demgegenüber gestaltete sich das Bild von 1914 bis 1918 folgendermaßen:

Jahr	Einfuhr (in Mill. Franken)	Ausfuhr (in Mill. Franken)	+ Ausfuhrüberschuß - Einfuhrüberschuß
1914	1478	1187	— 291
1915	1680	1670	— 10
1916	2379	2448	+ 69
1917	2405	2323	— 82
1918	2402	1963	— 439

Leider ist diesen Zahlen kein brauchbarer Geldentwertungsindex zur Seite zu stellen, da ein Großhandelsindex für die Schweiz erst seit Anfang 1921 berechnet wird und ein Kleinhandelsindex von zu viel anderen Faktoren beeinflußt wird, als daß er einen brauchbaren Vergleichsmaßstab abgeben würde. Die Ziffern für die Ein- und Ausfuhr von Edelmetallen (in Münzen und Barren) zeigen folgende Entwicklung:

Jahr	Gold (in Mill. Franken)			Silber (in Mill. Franken)		
	Einfuhr	Ausfuhr	Einfuhrüberschuß	Einfuhr	Ausfuhr	Einfuhrüberschuß
1914	58,3	6,1	52,2	21,5	5,3	16,2
1915	16,7	1,7	15,0	33,5	5,3	28,2
1916	118,5	0,8	117,7	34,1	2,5	31,6
1917	35,9	2,8	33,1	21,3	2,0	19,3
1918	84,6	1,4	83,2	6,7	1,4	5,3
	314,0	12,8	301,2	117,1	16,5	100,6

Hierzu sei noch bemerkt, daß zum Goldimport 1916 Deutschland mit 60 und Österreich mit 58 Millionen Franken und 1918 Deutschland mit 49,2 Millionen Franken beigetragen haben, um ihre Währung zu stützen. Von der Goldeinfuhr sind etwa 200 Millionen Franken der Schweizerischen Nationalbank zur Verstärkung ihres Goldbestandes zugeflossen, während der Rest der Edelmetalle industriellen Zwecken (Uhren und Bijouterie) gedient hat[1].

Die Handelsbilanz zeigt also eine verhältnismäßig sehr günstige Entwicklung für die Schweiz. Nach der ersten Geschäftsstockung im zweiten Halbjahr 1914 setzt 1915 eine lebhafte Versorgung der kriegsführenden Staaten ein bei teilweiser Umstellung der schweizerischen Industrie auf den Kriegsbedarf, die 1916 ihren Höhepunkt erreicht. Von diesem Jahre ab beginnt sich die Geldentwertung bereits erheblich mit einer bis Kriegsende steigenden Tendenz fühlbar zu machen, während diese für die Jahre 1914 bis 1915 noch keine besonders ins Gewicht fallende Rolle spielt. Die wachsende Geldentwertung machte sich für die Schweiz insofern unangenehm bemerkbar, als sie sich nach dem großen Ausverkauf des Jahres 1916 später zu steigenden Preisen wieder mit Rohstoffen eindecken mußte. Das hatte zur Folge, daß der Aktivsaldo der schweizerischen Handelsbilanz für 1916 eine einmalige Erscheinung blieb und daß 1917 und 1918 eine Verschlechterung der Handelsbilanz einsetzte, die aber doch noch nicht den im letzten Friedensjahrzehnt üblichen Passivsaldo erreichte.

Dagegen weisen aber die übrigen, unsichtbaren Posten der Zahlungsbilanz eine erhebliche Verschlechterung auf. Die Einkommensbilanz stellte sich ungünstiger trotz Vermehrung der Auslandguthaben infolge der seit 1916 in größerem Maßstabe einsetzenden Kursverluste der fremden Währungen. Die durch den Rückfluß schweizerischer Werte aus dem Ausland verminderte Zinsenlast aus der Verschuldung an das

[1] Vgl. hierzu auch Prion, Der internationale Geld- und Kapitalmarkt nach dem Kriege, S. 43.

Ausland vermochte hierfür keinen Ausgleich zu bieten. Die Einnahmen aus dem Fremdenverkehr verminderten sich sehr erheblich; an Stelle des Touristenverkehrs, der ganz ausfiel, trat zwar ein lebhafter Verkehr von Geschäftsleuten, die auf neutralem Boden ihre Geschäfte abzuwickeln suchten, und von mehr oder weniger offiziellen Diplomaten, der insgesamt aber für die Schweiz im Vergleich zu dem Fremdenverkehr der Friedenszeit keine allzu große Einnahmequelle bot.

Der Transitgüterverkehr als Einnahmequelle fiel, nachdem durch den Eintritt Italiens in den Weltkrieg die Schweiz auf allen Seiten von kriegführenden Staaten umgeben war, vollständig fort. Im Gegenteil erwuchsen der Schweiz nur erhöhte Lasten durch die erhebliche Steigerung der Frachten und Versicherungsprämien, da sie für die Zu- und Abfuhr ihrer ein- und ausgeführten Waren auf die Dienste des Auslands angewiesen war. Höchstens die Banken dürften aus der Besorgung des internationalen Zahlungsverkehrs einen vermehrten Gewinn bezogen haben. Die Mittelmächte mußten ja ihre Zahlungen an auswärtige Schuldner über die benachbarten neutralen Staaten leiten; doch bedienten sie sich während des Krieges mehr der Vermittlung Hollands und der skandinavischen Staaten. Dagegen ging der Zahlungsausgleich zwischen den besetzten Gebieten Nordfrankreichs und Belgiens und den unbesetzten Teilen dieser Länder, soweit er von den kriegführenden Mächten nicht unterbunden wurde, durchweg über die Schweiz. Nimmt man schließlich noch die Bilanz der Kapitalanlagen vor, so gewinnt man hier ein für die Schweiz günstiges Ergebnis, das auf dem späterhin noch eingehender zu behandelnden Rückfluß der im Ausland befindlichen schweizerischen Werte beruht.

Völlig verändert wird das Bild aber durch den Umstand, daß die Geltendmachung der Forderungen aus der Zahlungsbilanz während des Krieges vielfach unterbunden war. Wenigstens gilt dies für die kriegführenden Staaten, während die Schweiz der Freizügigkeit der internationalen Kapitalbewegungen, abgesehen von dem allgemeinen Moratorium der Monate August und September 1914, keine Hindernisse bereitete. Eine Verordnung des Jahres 1918 verbot nur die Ausfuhr von schweizerischen Banknoten, hemmte aber nicht den Zahlungsausgleich durch Scheck oder Auszahlung. Die kriegführenden Mächte jedoch erließen zum Schutze ihrer Währungen Kapitalausfuhrverbote, die die Einziehung von Forderungen vielfach verhinderten. Diese Gesetze sowohl wie auch die Kontrollmaßnahmen, die sich die neutralen Staaten in ihren Handelsbeziehungen mit anderen Ländern gefallen lassen mußten — im Jahre 1915 wurde von alliierter Seite die Société Suisse de Surveillance économique in Bern für die Überwachung des Handels mit den Mittelmächten und von den letzteren für den umgekehrten Zweck die Treuhandstelle in Zürich gegründet —, bewirkten, daß die Zahlungsbilanz nicht den maßgebenden Einfluß auf die Wirtschaftslage, vor allem den Devisenmarkt, ausübte, sondern in erster Linie die Nachfrage und das Angebot des Augenblicks. Aus den angeführten Gründen wichen diese oft von der durch die Zahlungsbilanz bedingten Marktlage ab. Ein Gegengewicht gegen die mangelnde Realisierungsmöglichkeit der schweizerischen Forderungen bot jedoch vielfach das dringendere Geldbedürfnis von seiten der kriegführenden Staaten.

Bei der Kursentwicklung der fremden Währungen in der Schweiz sind drei Perioden zu unterscheiden. Die erste Periode umfaßt die Monate August und September 1914 und ist gekennzeichnet durch die vollkommene Zusammenhanglosigkeit der Märkte und durch das Bestreben Frankreichs, seine hohen Auslandsguthaben einzuziehen, was zu einer etwa 2- bis 3proz. Unterbewertung des schweizerischen gegenüber dem französischen Franken führte, während die deutsche Mark, die seit Kriegsbeginn eine Entwertung im neutralen Ausland erfuhr, sich noch dank der in der Schweiz befindlichen Guthaben bis Mitte September 1914 auf 123 bis 120 bei einer Parität von 123,46 Franken für 100 Mark halten konnte.

Die zweite Periode ist von da bis zum Eintritt der Vereinigten Staaten in den Weltkrieg im Frühjahr 1917 anzusetzen. Die deutsche Währung sank bis auf einen Kurs von 110 Franken für 100 Mark, um sich auf diesem Stand unter Schwankungen eine Zeitlang zu halten, ging jedoch 1916 trotz verschiedener Stützungsversuche bis auf etwa 90 Franken zurück. Der französische Franken hielt sich bis etwa August 1915 teilweise sogar noch über der Münzparität, um dann einen Rückgang von 10% zu erleiden. Das englische Pfund blieb 1914 und 1915 leicht über, 1916 um ein Geringes unter Parität, eine Folge der Bedeutung Englands für die Versorgung der Schweiz mit Rohstoffen und Nahrungsmitteln. Dagegen war der Schweizer Franken gegenüber den Devisen Amsterdam und New York stets unterwertig, und zwar gegenüber Holland 1915 3,7% und 1916 4,5% im Jahresdurchschnitt, während sich die entsprechenden Ziffern für New York auf 2,9% bzw. 0,8% stellten. Es kommt hier die Schwierigkeit der Rohstoffbeschaffung für die Schweiz ebenfalls deutlich zum Ausdruck.

Die dritte Periode beginnt mit dem Eintritt Amerikas in den Krieg und schließt mit dem Waffenstillstand im November 1918. Sie ist gekennzeichnet durch die parallele Kursentwicklung der Ententedevisen, die von diesen Mächten innerhalb eines gewissens Rahmen aufrechterhalten wurde. Das bedeutet in erster Linie, daß der Dollar jetzt auch ein ähnliches Disagio gegenüber dem Schweizer Franken aufweist, wie die anderen Ententedevisen. Und zwar ist das Disagio 1918 größer als 1917, dann bei Frankreich größer als bei England und bei diesem wieder größer als bei den Vereinigten Staaten. Die Schweizerische Nationalbank hat gegen den Schweizer Franken folgende Unterparitäten im Jahresdurchschnitt ermittelt für

Jahr	Frankreich	England	Vereinigte Staaten
1917	171,20‰	97,00‰	77,70‰
1918	218,50‰	171,64‰	153,92‰

Von den wichtigsten neutralen Devisen sinkt Holland in diesem Zeitraum etwas unter Schweizer Parität, während die schwedische und die spanische Währung ein Agio von einigen Prozent aufweisen.

Interessant ist der Vergleich der Kursentwicklung mit der Geschäftslage in der Schweiz. Vom August 1914 bis zu Anfang 1915 stockten die Geschäfte. Seit Mitte 1915 fing die Schweiz an, Kriegslieferungen sowohl für die Mittelmächte wie für die Alliierten auszuführen. 1916 und 1917 erreichten diese eine enorme Ausdehnung und führten zu einer bisher nicht gekannten Hochkonjunktur für einzelne Industriezweige. Seit Mitte 1918 ließ die Hochspannung der Konjunktur bereits merklich nach.

b) Der Geldmarkt. Die Einwirkung dieser Verhältnisse auf die internationalen Kreditbeziehungen ergibt tiefgreifende Unterschiede gegenüber der Vorkriegszeit. Die Kapitalausfuhr der Schweiz ändert ihre Formen: sie wandert vom Kapitalmarkt hinüber zum Geldmarkt. Dieser verliert seine Flüssigkeit, wenn auch rein äußerlich betrachtet, besonders in den ersten Kriegsjahren größere schwimmende Beträge auf dem Markt erscheinen; an Stelle der gewohnten persönlichen Beziehungen zwischen Geldgeber und Geldnehmer tritt, je weiter der Krieg fortschreitet, ein staatlich geregelter Austauschverkehr, der einen Ausgleich herbeizuführen sucht zwischen der Gewährung kurzfristigen Kredits durch die Schweiz einerseits und zwischen der Lieferung von Rohstoffen und Nahrungsmitteln an die Schweiz oder der Abnahme von Luxuserzeugnissen der schweizerischen Ausfuhrindustrie andererseits.

Die Jahre 1914 und 1915 sind dadurch gekennzeichnet, daß die schweizerischen Exporteure anfangs infolge der Moratorien und der sonstigen Störung der Beziehungen ihre Auslandsguthaben nicht einziehen konnten. Als sich die Möglichkeit hierzu bot, soweit nicht die oben bereits erwähnte Kapitalfluchtgesetzgebung dies dauernd verhinderte, waren die Kurse der Devisen zum Teil derartig gesunken, daß die Realisierung der Auslandsguthaben mit großen Verlusten verbunden gewesen wäre. Also beließ man sie vorerst im Ausland, ein Verhalten, das zudem von der Nationalbank ausdrücklich gebilligt wurde. Man rechnete ja allgemein mit einer kurzen Kriegsdauer und nahm an, daß sich nach Beendigung des Krieges die Valuten der kriegführenden

Staaten sofort wieder erholen würden und daß ein endgültiger Verlust für den schweizerischen Gläubiger vermieden werden könnte.

In dieser Erwartung bevorschußten die Banken in weitgehendem Maße die Auslandsguthaben von Exportfirmen, sobald diese neue Betriebskredite nötig hatten. Dadurch schwollen die Ziffern sowohl auf der Aktiv- wie auf der Passivseite der Bankbilanzen erheblich an. Ja, man ging bald sogar weiter. Vielfach ließen Exporteure den Gegenwert für im Kriege getätigte Lieferungen als Guthaben in ausländischer Währung stehen, obwohl sie bei ihren Verkäufen die Entwertung der fremden Währungen einkalkuliert hatten, und erhoben auf Grund dieser Guthaben dann Vorschüsse bei den Banken in Schweizer Franken. Diese Art der Devisenspekulation hat dann später zu namhaften Verlusten für die Schweiz geführt, wenn auch seit 1915 die Fakturierung der Exportlieferungen in schweizerischen Franken im allgemeinen das Übliche wurde. Weiter traten dann die Einnahmen aus dem Besitz an ausländischen Wertpapieren und sonstigen Beteiligungen hinzu, die zum überwiegenden Teil ebenfalls nicht eingezogen werden konnten und meist als Guthaben im Ausland belassen wurden. Neben der Anlage im Kontokorrent findet sich bei fortschreitender Kriegsdauer auch die Festlegung dieser Mittel auf längere Frist. Infolge der starken Kapitalanlage im Ausland handelt es sich allein bei den Kapitalerträgnissen um Hunderte von Millionen Franken.

Unter den schwierigen Verhältnissen der Kriegszeit bemühten sich die schweizerischen Banken lebhaft um die Exportförderung durch Kreditgewährung[1]. Dies geschah auch durch die Kreditgewährung an ausländische Importeure, sobald diese dadurch in die Lage versetzt wurden, schweizerische Erzeugnisse bei sich einzuführen. Solche Kredite wurden meist in schweizerischen Franken gewährt, so daß hierdurch dem schweizerischen Geldmarkt fast keine Währungsverluste entstanden sind. Sowohl Frankreich wie auch Deutschland haben auf diese Weise schweizerische Kredite empfangen, wobei im einzelnen Falle ausländische Großbanken die Garantie für die Rückzahlung der Kredite durch die Importfirmen gegenüber den schweizerischen Banken übernehmen mußten. Während Deutschland diese Kredite vorwiegend bei Fälligkeit zurückzahlte, soll bei französischen Firmen weit mehr die Neigung bestanden haben, die Kredite bis nach Kriegsende zu verlängern. Die Rückzahlung der Kredite hat bei der fortschreitenden Währungsverschlechterung oft eine schwere Last für den Schuldner gebildet. Landmann schätzte schon 1916 die Gesamtsumme der Exportkredite auf 200 Millionen Franken[2].

[1] Vgl. über die während des Weltkrieges gewährten Kredite auch die Darstellung bei F. Allizé, L'organisation des banques suisses, S. 179ff.

[2] Zeitschr. f. schweizerische Statistik u. Volkswirtschaft Jg. 1916.

Seit 1916 gibt es nun eine ganz neue Art von Krediten. Hatten die bisher besprochenen allein auf der privaten Initiative der Beteiligten beruht — von der indirekten behördlichen Begünstigung abgesehen —, so setzen jetzt die sog. Valutakredite ein, die auf Grund staatlicher Verhandlungen in von den Regierungen organisierten, mehr oder minder offiziellen Formen gewährt werden. Um Irrtümer zu vermeiden, sei gleich hervorgehoben, daß alle diese Kredite trotz der Bezeichnung „Valutakredite" in Schweizer Franken abgeschlossen worden sind.

Ferner kommt hier wieder die Form des Wechsels zu Ehren. Seit Kriegsausbruch war der Wechsel aus dem internationalen Verkehr so gut wie verschwunden, und zwar infolge des wachsenden Kursrisikos und nicht zu guter Letzt infolge der Unzuträglichkeiten, die sich aus den bei Kriegsausbruch erlassenen Moratorien ergaben. An seine Stelle war im Devisenverkehr der Scheck und die Auszahlung getreten. Daher war die Form der bisher besprochenen Auslandskredite auch der bankmäßige Kontokorrentkredit.

Bei den Valutakrediten handelt es sich zunächst um folgende Beträge:

50	Millionen	Fr.	im Juli 1916 an Frankreich,
50	„	„	im Oktober 1916 an Deutschland,
18	„	„	im Juli 1917 an Deutschland,
25	„	„	im Oktober 1917 an Deutschland,
$37^1/_2$	„	„	im November 1917 an Frankreich.

Der erstgenannte Kredit ist eine Folge der Zugehörigkeit der Schweiz zur lateinischen Münzunion. Der französische Frank wies im Einklang mit der seit Kriegsausbruch der Schweiz gegenüber passiven Handelsbilanz im Juni und Juli 1916 im Verhältnis zum Schweizer Franken eine Entwertung von 10 bis 12% auf. Um nun diese Kursdifferenz zu ersparen, machte Frankreich der schweizerischen Regierung die Mitteilung, daß es beabsichtige, seine Zahlungsverpflichtungen gegenüber der Schweiz in Höhe von etwa 50 Millionen Schweizer Franken durch den Export von silbernen 5-Franken-Stücken abzudecken, die ja in der Schweiz Währungsgeld waren. Da die Schweiz nun mit Recht von der Einfuhr einer so erheblichen Menge Silbers eine Verschlechterung der Währung befürchtete, eine Kündigung der lateinischen Münzunion aber untunlich erschien, so einigte sie sich schließlich auf dem Verhandlungswege mit der französischen Regierung dahin, daß diese gegen eine Kreditgewährung in der erwähnten Höhe von der Silbergeldausfuhr Abstand nahm.

Zur Durchführung der Kreditgewährung bildete sich ein Konsortium schweizerischer Banken, das mit einem französischen Bankenkonsortium in Verbindung trat. Dieses indossierte von ersten französischen Industriefirmen auf französische Banken gezogene Tratten weiter an das schweizerische Bankenkonsortium, welches die Tratten dann diskontierte und den Gegenwert der Bank von Frankreich gutschrieb. Die Tratten wurden jeweils bei Verfall erneuert und sollten im Januar 1918 eingelöst werden. Der Kredit wurde aber, wie auch alle übrigen Valutakredite, bis nach Kriegsende verlängert. Auf diese Weise wurden immerhin erhebliche Beträge des Geldmarktes jahrelang festgelegt, so daß dieser tatsächlich recht illiquide wurde, obwohl es sich bei diesen Krediten der äußeren Form nach um Privatdiskonten handelte.

Dieser an Frankreich gegebene Kredit zog eine Kreditgewährung in gleicher Höhe im Oktober 1916 an Deutschland nach sich, den die Schweiz erteilen mußte, wollte sie nicht ihre Stellung als neutraler Staat verletzen. Deutschland mußte diesen Kredit vereinbarungsgemäß zum Bezuge von schweizerischem Käse und Vieh verwenden. Die schweizerische Regierung bediente sich hierbei der bald nach Kriegsausbruch gegründeten Käseexportgenossenschaft. Die Eigenwechsel der deutschen Importeure wurden durch das Kriegsernährungsamt deutschen Großbanken zugeleitet, von diesen mit ihrem Giro versehen an die Käseexportgenossenschaft gesandt und gingen von hier aus endlich weiter zum Diskont an die schweizerischen Banken[1]. Auch dieser Kredit mußte nach der vorgesehenen Laufzeit von drei Jahren verlängert werden.

Seit dem Jahre 1917 läßt sich ein weiteres Erstarken der staatswirtschaftlichen Einflüsse feststellen. Die wachsende Kriegsnot zwang die kriegführenden Mächte zur Verschärfung ihrer Einfuhrverbote. Das im Januar 1917 von Deutschland erlassene allgemeine Einfuhrverbot traf die schweizerische Luxusindustrie besonders hart. Daher erklärte sich die Schweiz zur Erleichterung der Ausfuhr von Stickereien, Uhren und Seide bereit, Deutschland ein Darlehen von 18 Millionen Franken bis zum 1. X. 1918 zu gewähren. Zur Verdeutlichung der Abwicklung dieses Geschäftes sei hier kurz die Form erläutert, wie sie bei dem auf die Stickereiindustrie entfallenden Betrage von 5,4 Millionen Franken durchgeführt wurde[2]. Man gründete eigens zu diesem Zweck eine Finanzgenossenschaft für die schweizerische Stickereiindustrie in St. Gallen. Diese empfing von der Einfuhrstelle in Berlin über je 100000 Franken lautende, drei Monate laufende Wechsel, die mit deutschem Großbankgiro versehen waren. Von der Finanzgenossenschaft wurden diese Wechsel dann in Blanko an die Kantonalbank von Bern als Leiterin des Übernahmekonsortiums giriert. Durch die Einschiebung der Finanzgenossenschaft erreichten die Banken eine Risikoverteilung auf die beteiligten Industriellen und damit ein gewisses Gegengewicht gegen die Festlegung ihrer Mittel. Auch dieser Kredit wurde bis nach Friedensschluß verlängert.

---

[1] Kellenberger, Wechselkurs und Zahlungsbilanz, S. 66.
[2] Zeitschr. f. schweizerische Statistik u. Volkswirtschaft Jg. 1920, S. 44ff.

In das gleiche Jahr fällt auch noch ein Bankkredit in Höhe von 25 Millionen Franken, der der Zentraleinkaufsgesellschaft m. b. H. in Berlin (Z.E.G.), der bekannten Kriegsorganisation des Deutschen Reiches für die Lebensmitteleinfuhr, gewährt wurde. Zur Sicherung mußte hier ein entsprechender Betrag schweizerischer und nordamerikanischer Wertpapiere hinterlegt werden.

Den Ausgleich Frankreich gegenüber bildete ein im Oktober 1917 abgeschlossenes Kreditabkommen, das auf drei Monate hin einen Kredit von je $12^1/_2$ Millionen Franken in Aussicht stellte. Als Gegenleistung mußte Frankreich die Durchfuhr von Lebensmitteln nach der Schweiz in einem gewissen Rahmen sowie außerdem ein bestimmtes Exportkontingent sicherstellen. Ende 1917 wurde dieses Abkommen verlängert, jedoch mit der Änderung, daß eine Darlehensgewährung von $2^1/_2$ Millionen Franken monatlich fest zugesagt wurde, während ein weiterer Kredit bis zum Höchstbetrage von 10 Millionen Franken je nach Maßgabe der schweizerischen Warenausfuhr gewährt werden sollte. Die Durchführung dieses neuen Abkommens erfolgte dann durch die gleich zu besprechende schweizerische Finanzgesellschaft in Luzern.

Schließlich ist noch ein Darlehen von 30 Millionen Franken zu erwähnen, das Österreich-Ungarn im Jahre 1917 zum Einkauf von Waren in der Schweiz gegeben worden war. Trotz des schlechten finanziellen Standes der Donaumonarchie genehmigte der Bund diese Krediterteilung durch ein schweizerisches Bankenkonsortium, da die führenden Wiener Großbanken, u. a. auch das Haus Rothschild, Bürgschaft übernommen hatten. Bei dem Zerfall der Monarchie fiel aber der Hauptschuldner fort. Schließlich übernahm die tschechoslowakische Republik diese Schuld und tilgte sie vereinbarungsgemäß durch Zuckerlieferungen an die von der Eidgenossenschaft organisierte staatliche Lebensmittelversorgung. Da die Zuckerlieferungen zu einem überaus hohen Preise angerechnet wurden, entstanden der Schweiz bzw. dem schweizerischen Verbraucher, auf den die Last durch den Verkauf des überteuerten Zuckers abgewälzt wurde, bedeutende Verluste. Obwohl die Tilgung dieser Schulden eigentlich erst in die folgende Periode fällt, sei sie hier erwähnt, zumal da dies der einzige Valutakredit war, aus dem der Schweiz Verluste erwachsen sind. Die anderen Kredite, die durchschnittlich unter Einberechnung der Provision mit 7% verzinst werden mußten, stellten bei einem durchschnittlichen Privatdiskontsatze von

2,46%, 2,66%, 4,15%, 4,69%, 4,56%, 3,39%

in den Jahren von 1916 bis 1921 ein ganz rentables Geschäft dar.

Aus dem oben erwähnten Abkommen mit Frankreich vom Ende Dezember 1917 sowohl wie aus der Sicherstellung der Kohlenversorgung der Schweiz durch weitere Zusicherung von Zuschüssen an Deutschland erwuchsen dem schweizerischen Geldmarkt 1918 erneut schwere Belastungen. Bei der Beanspruchung durch die bisher schon gegebenen Valutakredite und bei der steigenden Inanspruchnahme durch die heimische Exportindustrie glaubte die schweizerische Regierung, namentlich angesichts des an sich kaum kurzfristig zu nennenden Charakters dieser Kredite, die Tragfähigkeit des Geldmarktes nicht allzu sehr auf die Probe stellen zu dürfen. Sie schuf daher zwei Organisationen, die zur Entlastung des Geldmarktes dienen sollten, die dabei aber trotzdem die Mittel des Kapitalmarktes, deren man für die Emissionen von Staatspapieren dringend bedurfte, möglichst schonen sollten. Zur Durchführung des deutsch-schweizerischen Kohlenabkommens von 1918 wurde die Kohlenzentrale A.-G. gebildet. Der Gesamtbetrag der an Deutschland nach Maßgabe der Kohlenlieferungen gewährten Kredite von 155,2 Millionen Franken wurde zum weitaus überwiegenden Teil durch das Aktienkapital der Gesellschaft in Höhe von $138^1/_2$ Millionen Franken aufgebracht. Das Aktienkapital wurde zwangsweise auf die Kohlenhändler und die größten Verbraucher umgelegt, so daß die Mittel der Nationalbank und des freien Marktes unmittelbar nur für die verhältnismäßig unbedeutende Differenz zwischen den beiden genannten Summen in Anspruch genommen wurden.

In größerem Maße war letzteres bei der schweizerischen Finanzgesellschaft in Luzern der Fall, die neben den mit Frankreich laufenden Kreditabkommen auch im Jahre 1918 einen Kredit von rund 85 Millionen Franken an England geben mußte, um die Rohstoff- und Lebensmittelversorgung des Landes zu sichern. Von dem 80 Millionen Franken betragenden Aktienkapital übernahm der Staat 26, die Importeure 44 und die Banken 10 Millionen Franken. Ferner gab die Gesellschaft 30 Millionen Franken 5proz. Kassenscheine aus. Da die an die verschiedenen Ententestaaten gewährten Kredite diese Summen bei weitem überstiegen, so wurden von der Finanzgesellschaft nicht unerhebliche Wechselbeträge auf dem offenen Markte rediskontiert.

Durch die Vermittlung des Zahlungsverkehrs zwischen den Mittelmächten und anderen neutralen Staaten über die Schweiz flossen dem schweizerischen Geldmarkt dagegen auch kurzfristige Mittel zu. Unter ihnen spielten direkte Regierungsguthaben eine Rolle. Für die Kriegsgefangenen und Zivilinternierten sind von Deutschland wie auch namentlich von Frankreich Gelder durch die Schweiz geleitet worden. Daneben wurden ständig Guthaben von den kriegführenden Mächten unterhalten, sei es für den Spionagedienst oder sonstige Kriegs- und diplomatische Zwecke, sei es für die Durchführung von Arbitrageoperationen zur Stützung der eigenen oder zur Schwächung der gegnerischen Valuta. Die Höhe dieser Beträge ist naturgemäß steten Schwankungen unterworfen gewesen. Vor allem aber ließ sich der Wechsel, dem diese Summen unterlagen, nie vorher bestimmen, wie es bei den internationalen Handelsbeziehungen der Vorkriegszeit der Fall war, wo zu den Erntezeiten z. B. die Bedürfnisse des Getreide-, Baumwolle- oder Seideimports ihre vorher mit ziemlicher Sicherheit schätzbaren Höhepunkte aufwiesen.

Ein ebensolches Moment der Unsicherheit trugen auch die Gelder aus den kriegführenden Staaten an sich, die sich durch die Flucht in die neutrale Schweiz der Kriegsgefahr und der Kriegsbesteuerung entziehen wollten, da ihr Verbleiben nicht von der Zinsentwicklung, sondern allein von der Gestaltung der politischen Lage abhängig war. Eine Schätzung dieser Beträge ist fast unmöglich, sie dürfen jedoch zumindest für die Kriegszeit nicht zu hoch angesetzt werden.

c) Der Kapitalmarkt. Der Aktivität auf dem Geldmarkt steht ein überwiegend passives Verhalten der Schweiz auf dem internationalen Kapitalmarkt gegenüber. Anders als in Friedenszeiten betreibt die Schweiz während des Weltkrieges einen verhältnismäßig geringen Kapitalexport, dafür nimmt sie aber die schweizerischen Werte, die hauptsächlich im letzten Vierteljahrhundert vor dem Kriege ins Ausland gewandert waren, wieder auf. Die Initiative geht hier vom Ausland aus. Allein bis Ende 1918 dürfte die Schweiz für mehrere hundert Millionen Franken Anleihen hauptsächlich von Frankreich, zum geringeren Teile von Deutschland, wieder zurückgenommen haben[1].

Zuerst war es Deutschland, das mit dem Verkauf seines Besitzes an schweizerischen Wertpapieren begann. Schon Ende 1914 machte sich dieser Zufluß deutlich bemerkbar; er hielt 1915 hindurch an, um 1916 nachzulassen, nchdem der deutsche Besitz an schweizerischen Effekten so gut wie erschöpft war. Neben den in Deutschland untergebrachten Anleihebeträgen kamen schließlich auch deutsche Beteiligungen an Banken und Trustunternehmungen zum Verkauf.

Der Andrang der in französischen Händen befindlichen schweizerischen Wertpapiere — überwiegend öffentliche Anleihen — zu den Schweizer Börsen setzte in vollem Maße erst später ein. 1915 nahmen die französischen Verkäufe noch keinen erheblichen Umfang an, nur heißt es z. B. von Genf, daß es im Dezember 1915 anläßlich der Emission der 5proz. französischen Kriegsanleihe besonders unter dem Druck französischer Verkäufe zu leiden gehabt habe. Es war überhaupt die Wahrnehmung zu machen, daß die Auslandverkäufe sowohl für deutsche wie für französische Rechnung gerade dann besonders lebhaft vorgenommen wurden, wenn in dem betreffenden Lande jeweils die Auflegung einer Kriegsanleihe bevorstand[2].

[1] Für Ende 1919 wird die Summe auf 600 bis 700 Millionen Franken geschätzt (Stucki: a. a. O. S. 85).

[2] Stucki: a. a. O. S. 81.

Die erst seit August 1915 einsetzende Verschlechterung des Kurses des französischen Franken, die ständig zunahm und erst kurz vor dem Waffenstillstande im November 1918 einer kräftigen Erholung Platz machte, bot für den französischen Kapitalisten und Sparer — die schweizerischen Anleihen waren bis tief in die Kreise des Kleinbesitzers eingedrungen — einen besonderen Anreiz zum Verkauf. Während des Weltkrieges — und auch noch geraume Zeit später — dachte ja kaum ein Kapitalist daran, die Geldentwertung zu berücksichtigen; für ihn stellten die erhöhten Eingänge beim Verkauf ausländischer Währung noch lange „Gewinn" dar. 1916 sind auch für englische Rechnung Verkäufe schweizerischer Wertpapiere ausgeführt worden. Ein weiterer Verkaufsandrang wurde zum Teil verhütet durch die von den Alliierten in Amerika vorgenommenen Beleihungen und Bevorschussungen neutraler Wertpapiere.

Ein Gegengewicht gegen den Zustrom der schweizerischen Anleihen aus dem Auslande bildete anfangs die Abstoßung nordamerikanischer Papiere, besonders von Bahnwerten, aus schweizerischem Besitz. Das Agio des Dollars im zweiten Semester 1914 und im Jahre 1915 unterstützte diese Bewegung. Die Rückdeckung auf dem amerikanischen Markte erleichterte wesentlich die Aufnahmefähigkeit des schweizerischen Marktes für die vom Ausland in erheblichen Beträgen angebotenen schweizerischen Effekten. Seit 1916 kam die Umgestaltung der gesamten Wirtschaftsverhältnisse hinzu. Von der Landwirtschaft und einem Teil der Exportindustrie waren schon große Kriegsgewinne erzielt worden. Der in der Handelsbilanz zum Ausdruck kommende Ausverkauf hatte Vorräte und Warenlager mobilisiert und in Geldform überführt. Dies konnte sich infolge der Kriegsverhältnisse nicht in gleichem Maße wieder in vermehrter Einfuhr äußern, sondern die Gelder wanderten wenigstens teilweise zum Kapitalmarkt hinüber.

Die Schweizerische Nationalbank hatte mehrfach während des Krieges Warnungen erlassen, die das Publikum und die Banken von der Kapitalausfuhr in Form der Kapitalanlage in ausländischen Wertpapieren zurückhalten sollten. Dafür unterstützte die Nationalbank aber lebhaft den Rückkauf der vom Ausland angebotenen Schweizer Anleihen. So ist während des Weltkrieges das vollständige Aufhören des Kapitalexportes in der früher üblichen Form festzustellen. Trotz lebhafter Propaganda besonders von französischer Seite sind von schweizerischen Kapitalisten höchstens 200 Millionen Franken Kriegsanleihen der kriegführenden Staaten gezeichnet worden, die zum größeren Teil auf Frankreich, zum geringeren Teil auf deutsche Anleihen entfallen.

Die Trustgesellschaften mit ihren überwiegend im Ausland liegenden Interessen beanspruchten den Kapitalmarkt so gut wie gar nicht. Diese

Umstände im Verein mit der noch später ausführlicher zu besprechenden Umgestaltung des heimischen Kapitalmarktes befähigten die Schweiz, trotz der durch den Krieg verursachten Hemmungen des Wirtschaftslebens den bedeutenden Rückfluß heimischer Werte aus dem Ausland aufzunehmen, allerdings mit zunehmender Kriegsdauer zu stets weichenden Kursen, was mit der steigenden Tendenz des landesüblichen Zinsfußes im Einklang steht.

Nahm während des Krieges die Verschuldung der Schweiz an das Ausland infolge des Rückflusses der schweizerischen Werte um mehrere hundert Millionen Franken ab, so verminderten sich gleichzeitig infolge von Währungsverlusten die im Ausland befindlichen Kapitalien der Schweiz. Nominell stiegen zwar diese Kapitalbeträge aus den früher angeführten Gründen von etwa 6 Milliarden Franken auf schätzungsweise 7 bis 8 Milliarden Franken[1], in Gold umgerechnet aber schrumpften sie schon während des Weltkrieges beträchtlich zusammen. Die vorgenommenen Schätzungen, die für 1920 ungefähr einen Rückgang auf weniger als die Hälfte feststellen wollen, beruhen auf sehr unsicheren Unterlagen. Zwar bieten die reinen Währungsverluste einen gewissen Anhalt, doch sind die durch das Steigen des Zinsfußes verursachten Kursverluste und vor allem die durch die Kriegsverhältnisse bedingten Erträgnisminderungen schwer erfaßbar, so daß allen Schätzungen immer eine gewisse Willkürlichkeit anhaftet.

Eine Abstoßung von Auslandbeteiligungen zur Vermeidung weiterer Verluste stieß auf die schon früher erwähnten Hindernisse der Kapitalfluchtgesetzgebung der kriegführenden Mächte. Auch sprachen hier für den schweizerischen Kapitalisten noch eher als bei den kurzfristigen Anlagen die überwiegenden Beweggründe zum Durchhalten, da man allgemein die Einwirkungen des Krieges für vorübergehend hielt und eine baldige Besserung nach Beendigung des Krieges erwartete.

2. Die Gestaltung der inneren Märkte.

a) Der Diskontkredit. Auf dem nationalen Geldmarkt erleiden die Beziehungen zwischen den einzelnen Gebieten große Veränderungen. Der Lombardkredit und der Reportkredit treten im allgemeinen mit dem Rückgang des Effektengeschäfts an Bedeutung zurück. Infolge der veränderten Zahlungsgewohnheiten und infolge der Umstellung der Wirtschaft gewinnt der Kontokorrentkredit an Bedeutung. Der Wechselmarkt verändert vollkommen seine frühere Gestalt; er verliert schließlich infolge der wachsenden Belastung durch die Schatzwechsel des Staates und der öffentlichen Körperschaften seine Beziehungen zu den anderen Teilen des Geldmarktes und erscheint zuletzt förmlich als ein Anhängsel des Kapitalmarktes.

[1] Stucki: a. a. O. S. 77.

Die zunehmende staatswirtschaftliche Einstellung der gesamten Wirtschaft macht sich auch auf dem nationalen Geldmarkt geltend. Wenn auch der Notenbank zeitweise die unmittelbare Herrschaft über den Wechselmarkt mittels der Diskontpolitik verloren geht, so wächst doch die Bedeutung ihrer mittelbaren Beeinflussungsmöglichkeiten. Zwischen der Notenpolitik, der allgemeinen Preisbewegung und den Zahlungsgewohnheiten bestehen bekanntlich die engsten Zusammenhänge. Auch in der Schweiz ist es Gegenstand lebhaftester Erörterungen gewesen, ob die Preissteigerung oder eine Noteninflation das Primäre gewesen seien. Tritt man an diese Frage heran, so ist zu berücksichtigen, daß die Schweiz weder ein autonomes Wirtschaftsgebiet ist, noch daß sie infolge ihrer Zugehörigkeit zur lateinischen Münzunion in ihrer Geldpolitik vollkommen unabhängig dastand. Diese Bindungen sind allein schon so stark, daß eine völlig selbständige Politik der schweizerischen Nationalbank undenkbar erscheint. So konnte die Nationalbank die Goldentzüge zwar bis zum 31. VII. 1914 durch Goldankäufe im Ausland wieder ausgleichen; trotzdem sah sich der Bundesrat genötigt, den Zwangskurs für die Banknoten nach Art. 48 der schweizerischen Bundesverfassung zu erklären und die Nationalbank von der Einlösungspflicht ihrer Noten zu entbinden. Gleichzeitig erfolgte die Ermächtigung zur Ausgabe von 20-Franken-Noten, wenige Tage später die zur Ausgabe von 5-Franken-Noten. Diese Maßnahmen genügten aber nicht, um den durch Thesaurierung und vermehrten Bedarf infolge Mobilisation im Lande hervorgerufenen Kleingeldmangel zu beseitigen. Bis zum Kriegsausbruch hatte die Schweiz ihre Banknoten in England fertigstellen lassen, jetzt fehlte es in der Schweiz an den nötigen Einrichtungen, um die kleinen Noten mit der erforderlichen Schnelligkeit in den Umlauf zu bringen.

Daher entschloß sich der Bundesrat Mitte August, 30 Millionen Franken Bundeskassenscheine, eigentlich ein reines Staatspapiergeld, das bereits 1898 zur Verwendung in Krisenzeiten hergestellt war, durch die Nationalbank in Umlauf zu setzen, verpflichtete aber die Nationalbank, diese Bundeskassenscheine, die über 5, 10 und 20 Franken lauteten, wie die eigenen Banknoten zu behandeln, also auch für eine entsprechende Deckung zu sorgen[1].

Vom 27. VII. bis 11. VIII. setzte die Nationalbank 60 Millionen Franken an silbernen 5-Franken-Stücken, Scheidemünzen und kleinen Noten in den Verkehr — bei einem durchschnittlichen Zahlungsmittelumlauf von etwa 480 Millionen Franken im Jahre 1913 — ohne den Mangel an kleinen Zahlungsmitteln beheben zu können.

Erst im September erreichten die heftigsten Krisenerscheinungen ihr Ende. Inzwischen hatte aber eine umfangreiche Thesaurierung von

[1] D. h. 40% in Edelmetallen und 60% in Wechseln.

Zahlungsmitteln stattgefunden, sowohl von Gold und Silber wie auch von Banknoten. Doch tauchten die silbernen 5-Franken-Stücke allmählich im Verkehr wieder auf, während die Goldmünzen daraus verschwunden blieben. Gleichzeitig mit dieser Aufspeicherung von baren Zahlungsmitteln geht eine Erhöhung des Bestandes an Girogeldern von 16 Millionen Franken im Jahresdurchschnitt 1913 auf 50 Millionen Franken. Obwohl die Nationalbank sich den Anforderungen der Krisis nicht völlig gewachsen zeigte — hat sie doch für eine Reihe der kritischen Tage einfach das Maximum der Notenauszahlung bei ihren Niederlassungen begrenzt und damit sich doch eigentlich selber ein Moratorium gewährt —, konnte sie das Jahr 1914 noch mit einem verhältnismäßig günstigen Status verlassen.

Wenn auch die Thesaurierung durch Private nicht weiter fortgesetzt wurde, sondern Ende 1914, wie man aus dem Zurückströmen von Silbergeld in den Verkehr und dem ohne erhebliche Beanspruchung der Banken erfolgten Vorübergang des Martini-Zinstermins schließen kann, bereits ihren Höhepunkt erreicht hatte, vermehrte sich der Notenumlauf in den vier folgenden Kriegsjahren ständig; er stieg von 314 Millionen Franken Ende 1913 auf 976 Millionen Franken Ende 1918, also um mehr als das Dreifache, während das Verschwinden der Goldmünzen aus dem Verkehr nur eine sehr viel geringere Steigerung des Notenumlaufes erforderlich gemacht hätte. Hält man die Steigerung der Giroguthaben von 27 auf 79 Millionen Franken im gleichen Zeitraum daneben, so dürften allein schon aus der Betrachtung des Zahlungsverkehrs Bedenken kommen, ob die Politik der Schweizerischen Nationalbank stets so wirksam antiinflationistisch eingestellt gewesen ist, wie es an sich wohl ihre Absicht war.

Unseres Erachtens ist es der Nationalbank nicht gelungen, nach Überwindung der ersten Krisenzeit eine angemessene Verknappung des Umlaufs an Zahlungsmitteln herbeizuführen. Gewiß ist neben der Preissteigerung — soweit man diese als primär ansehen kann — infolge der durch den Krieg hervorgerufenen Güterverknappung und Materialzerstörung noch der veränderten Zahlungsgewohnheiten zu gedenken, die den Wechsel und teilweise sogar den Scheck durch die Girozahlung und selbst durch eine vermehrte Barzahlung verdrängten. Andererseits ist aber ganz besonders auf die verminderte Geschäftstätigkeit hinzuweisen, die trotz der aufgeblähten Ziffern einen tatsächlich verringerten Warenumsatz zur Folge hatte. Diese Bedenken werden auch nicht geringer, wenn man die Diskontpolitik der Nationalbank und ihre Stellung zum Wechselmarkt beobachtet.

Die Zahlungsmittelkrisis bei Kriegsausbruch wirkte auf den Wechselmarkt mit voller Wucht ein und rief hier die schwersten Erschütterungen hervor. Der Mangel an Zahlungsmitteln hinderte die Wechseleinlösung im höchsten Grade. Gingen doch einzelne Banken so weit, daß sie bei ihnen zahlbar gestellte Wechsel ihrer Kunden trotz genügenden Bankguthabens erst dann einlösten, wenn für Bardeckung gesorgt worden war!

Der Bundesrat wußte sich schließlich nicht mehr anders aus der Verlegenheit zu ziehen, als daß er die allgemeine Zahlungsstockung gesetzlich sanktionierte. Am 3. VIII. 1914 erließ er ein Wechselmoratorium, das für alle seit Ende Juli fälligen Wechsel 30 Respekttage vorsah; das ursprünglich bis zum 31. VIII. gültige Moratorium wurde später bis Ende September 1914 verlängert. Ein gleiches gilt von der kurz darauf erlassenen Verordnung über einen allgemeinen Rechtsstillstand. Wie die Nationalbank in ihrem Geschäftsbericht über das Jahr 1914 feststellt, haben die Wechselschuldner in vollem Umfang von diesen Respekttagen Gebrauch gemacht. Die Nationalbank erhöhte Ende August den Diskontkredit der Banken um 40% und räumte vorübergehend bis zu 15% des Gesamtkredits für die Diskontierung von Lombardwechseln ein. Nachdem hierdurch eine Erleichterung des Geldmarktes geschaffen war und die Nachwirkungen des Moratoriums aufgehört hatten, ging der Wechselumlauf unter der Einwirkung der oben angeführten Gründe wieder zurück

Im zweiten Halbjahr 1914 wies das Wechselportefeuille bei der Nationalbank eine erhebliche Zunahme auf, während es sich bei den übrigen Banken verminderte. Dies ist aus der vermehrten Rediskontierung von Wechseln seitens der Banken bei der Nationalbank zu erklären, die diese vornahmen, um sich für die Auszahlung der ihnen entzogenen Gelder die nötigen flüssigen Mittel zu verschaffen. So kommt es, daß diese Beanspruchung der Nationalbank aufhört, nachdem den Banken selbst keine Mittel mehr entzogen werden.

Die größere Spanne zwischen dem offiziellen und dem Privatsatz von 0,98% im Jahresdurchschnitt 1915 erklärt die Zunahme des Wechselbestandes bei den freien Banken im Gegensatz zu der Bewegung bei der Nationalbank. 1916 vergrößert sich diese Spanne auf 2,04%, 1917 fällt sie in verhältnismäßig geringem Maße auf 1,84%, 1918 dagegen auf 0,60%. Im Vergleich zu den Differenzen der Vorkriegsjahre bedeutet dies eine enorme Spannung. Schon hieraus läßt sich auf eine Umgestaltung des Wechselmarktes schließen.

Die Schweizerische Nationalbank hat vom 1. I. 1915 bis 2. X. 1918 an einem Diskontsatz von $4^1/_2$% festgehalten, nachdem sie in der Krisenzeit bei Kriegsausbruch die Anforderungen des Marktes durch mehrfache Diskonterhöhungen einzudämmen gesucht hatte. Ihren im ersten Halbjahr 1914 aufrechterhaltenen Satz von 3% erhöhte sie erst, als man bereits von einer Panik sprechen konnte, am 30. VII. 1914 auf $4^1/_2$%, am nächsten Tage mußte sie schon zu einer weiteren Erhöhung auf $5^1/_2$% schreiten. Trotz der Entbindung von der Noteneinlösungspflicht sah sie sich am 3. VIII. nochmals zu einer weiteren Hinaufsetzung gezwungen, diesmal bis auf den Satz von 6%, der am 10. IX. einer Diskontrate von 5% wieder Platz machte.

Vergleicht man hiermit die Monatsdurschschnitte des Privatdiskontsatzes, so stellt sich dieser im August 1914 auch auf 6%, um dann allmählich bis zum Dezember auf 4,75% abzufallen. Die Spannung im zweiten Semester 1914 ist also durchweg noch recht gering. Erst das Jahr 1915 ergibt eine größere Differenz, indem der Privatdiskontsatz von 4,06% im Januar mit einem kleinen Rückschlag im September dauernd abfällt bis zum Dezember mit 3,06%. Im Jahre 1916, das, wie oben gezeigt, die größte Spannung aufweist, setzt sich der Rückgang bis zum Juli fort, der mit einem Durchschnittssatz von 1,91% den Tiefpunkt aufweist; dann folgt bis Jahresende ein Wiederanstieg bis zu 3,97% im Monatsmittel Dezember, um im Jahre 1917 einer erneuten Abschwächung bis zum August mit einem Satze von 1,70% Platz zu machen. Das Bild der Anspannung zum Jahresende wiederholt sich mit einer nachfolgenden Erleichterung bis Juni 1918. Diese Erleichterung ist aber nicht so durchgreifend wie in den beiden Vorjahren; das Zinsniveau liegt seit Oktober 1917 etwa 1% höher mit steigender Tendenz, so daß der Privatsatz im August 1918 schon um 2% höher ist als im gleichen Monat des Vorjahres bei unverändertem offiziellen Satz. In der zweiten Hälfte des Jahres 1918 zeigt der Privatdiskontsatz eine scharf steigende Tendenz, die ihn wieder in die Nähe des Banksatzes bringt trotz der am 3. X. 1918 vorgenommenen Erhöhung dieses Satzes auf $5^1/_2$%. Bereits gegen Kriegsende kündigt sich deutlich eine neue Periode auf dem Diskontmarkt an.

Die Erklärung dieser ungewöhnlichen Entwicklung ergibt sich aus der Zusammensetzung des umlaufenden Wechselmaterials.

Es belief sich das Wechselportefeuille auf folgende Beträge (in Millionen Franken):

	1913	1914	1915	1916	1917	1918
bei den freien Banken	855	751	845	1114	1299	1269
bei der Nationalbank	146	196	190	222	360	589
Zusammen	1001	947	1035	1336	1659	1858

Demgegenüber wies das Akzeptkonto bei der Gesamtheit der schweizerischen Banken folgende Entwicklung auf (in Millionen Franken):

1913	1914	1915	1916	1917	1918
415	299	317	297	277	267

Die Entwicklung zeigt also gegenüber dem Wechselportefeuille genau die entgegengesetzte Tendenz. Der Rückgang der Bankakzepte trifft in erster Linie die Großbanken, während sich bei den kleineren Bankinstituten eher die umgekehrte Richtung nachweisen läßt.

Das Anwachsen des Portefeuilles ist zum Teil auf die Valutakredite zurückzuführen. Doch sind diese Beträge nicht so erheblich, als daß hierauf allein die in den oben angeführten Zahlen zum Ausdruck kommende Aufblähung des Wechselumlaufs zurückzuführen wäre, zumal da außerdem mit einem erheblichen Rückgang des eigentlichen Handelswechsels zu rechnen ist.

Eine Hauptursache der Zunahme des Wechselbestandes ist ganz augenscheinlich in der Beanspruchung des Geldmarktes durch den öffentlichen Kredit zu sehen. Seit Kriegsbeginn hat sich die Eidgenossenschaft die Mittel für die Lebensmittelversorgung des Landes, soweit sie vom Bunde in staatlicher Regie übernommen worden war, durch Ausgabe von Reskriptionen verschafft[1], die bei der Nationalbank diskontiert und von dieser teilweise auf den offenen Markt weitergeleitet wurden. An solchen Reskriptionen waren von der Schweizerischen Nationalbank diskontiert im Laufe des Jahres (in Millionen Franken):

	1914	1915	1916	1917	1918
Bundesreskriptionen	117	375	829	1171	1529
Bundesbahnreskriptionen. .	7	69	125	221	433

Von diesen Beträgen waren am offenen Markt untergebracht (in Millionen Franken):

Ende 1914	1915	1916	1917	1918
1	36	134	149	180

während im Portefeuille der Schweizerischen Nationalbank verblieben waren

58	75	123	233	312

Die Reskriptionen des Bundes sollten zur Beschaffung von Mitteln für die Zwecke der Landesversorgung (mit Lebensbedürfnissen) dienen. Deshalb hob man den stark kommerziellen Charakter dieser Schatzwechsel bei vielen Gelegenheiten hervor. Tatsächlich stimmt dies aber nur zum Teil, da die 1917 ausgegebenen Reskriptionen die in der Landesversorgung investierten Mittel erheblich übersteigen. Ende 1918 zog der Bund auch Mittel des Kapitalmarktes durch Ausgabe von Kassenscheinen zur Deckung des Kapitalbedarfs der Landesversorgung heran, als diese Ansprüche infolge der weitergehenden staatlichen Eingriffe in die Bewirtschaftung der Lebensmittel und nicht zuletzt auch

[1] Die Bundesbahnen benutzten zur Beschaffung flüssiger Mittel den gleichen Ausweg.

infolge der zunehmenden Geldentwertung wuchsen. Die von den Bundesbahnen ausgegebenen Schatzwechsel dienten zur vorläufigen Deckung von Betriebsdefiziten und sonstiger durch den Krieg verursachter, unvorhergesehener Ausgaben, hatten also in keiner Weise die Natur eines Handelswechsels.

Wie man aber aus den oben mitgeteilten Zahlen ersehen kann, hat die Eidgenossenschaft diese Mittel nur zum kleinen Teil auf dem offenen Markte beschafft, überwiegend hat sie die Nationalbank in Anspruch genommen. Da diese Schatzwechsel als Notendeckung dienten, war damit die Gefahr einer Inflation gegeben[1]. Auch die hohe Metalldeckung der Noten darf uns nicht darüber hinwegtäuschen, daß damit die Möglichkeit der Anpassung des Zahlungsmittelumlaufs an den Geldbedarf der Wirtschaft in Frage gestellt war. Denn trotz einer Metalldeckung, die zeitweise 75% betrug und sich noch Ende 1918 auf 48,69% belief, war eine sehr ausgedehnte Vermehrung des Notenumlaufs möglich, weil der Metallbestand der Nationalbank von 191 Millionen Franken Ende 1913 auf 473 Millionen Franken Ende 1918 gestiegen war.

Da in den ersten Kriegsjahren bedeutende Summen, die im Handel und in der Industrie zunächst keine Verwendung fanden, eine tatsächlich nicht vorhandene Geldflüssigkeit vortäuschten, so machten sich diese Gefahren erst bei der im Jahre 1918 zutage tretenden Versteifung des Geldmarktes bemerkbar. Die Nationalbank hätte richtiger getan, die Reskriptionen dem Geldmarkt als Anlagen zur Verfügung zu stellen, nach denen er ja zunächst suchte. Zu ihrer Haltung dürfte die Nationalbank freilich durch die Sorge um die Notendeckung bestimmt worden sein, da die Beschaffung guter Handelswechsel auf große Schwierigkeiten stieß.

Neben dem Bunde traten während des Weltkrieges auch Kantone und Gemeinden mit der Ausgabe von Reskriptionen oder Eigenwechseln an den Geldmarkt heran, weil eine Aufnahme von Anleihen nicht immer tunlich erschien und weil ferner die Geldbedürfnisse oft unvorhergesehen auftraten. Namentlich in den Portefeuilles der Kantonalbanken sowie der Lokal- und Mittelbanken dürfte ein beträchtlicher Teil solcher Wechsel enthalten gewesen sein.

Auch sind während des Krieges Kontokorrentvorschüsse mehrfach in Wechselkredite umgewandelt worden. Diese Umwandlung ist aber nicht nur bei öffentlichen Krediten geschehen, sondern auch bei Industriekrediten vorgenommen worden. Bei dem Mangel an Privatdis-

---

[1] Doch unterschieden sich die schweizerischen Verhältnisse von den deutschen grundsätzlich dadurch, daß die Reskriptionen nur in die bankmäßige Deckung einbezogen wurden, also eine 40proz. Metalldeckung der Noten voraussetzten, während die Reichsbank durch Schatzwechsel gedeckte Darlehnskassenscheine in die Golddeckung der Banknoten aufnehmen durfte.

konten war man in bezug auf die Qualität des Materials entgegenkommender geworden. Man nimmt daher allgemein eine weitergehende Durchsetzung des Wechselportefeuilles mit Finanz- und Lombardwechseln an.

Ein Vergleich mit der Beanspruchung des Kapitalmarktes durch Kantone und Kommunen bekräftigt diese Annahme. Die Jahre 1916 und 1917 weisen nämlich eine außerordentlich geringe Belastung des Kapitalmarktes durch Anleiheaufnahmen auf, während diese 1918 erheblich steigt. Da aber infolge der Kriegswirtschaft ein Geldbedarf dieser öffentlichen Körperschaften unstreitig vorhanden war, ist die stärkere Beanspruchung des Wechselmarktes von seiten dieser Verbände um so wahrscheinlicher. Vielleicht gibt die vermehrte Anleiheaufnahme im Jahre 1918 auch eine Erklärung für den überraschenden Rückgang des Wechselportefeuilles bei den freien Banken, der im Gegensatz steht zu der Entwicklung des Kontokorrentgeschäftes und auch zu der Zunahme des Wechselbestandes bei der Nationalbank. Nur ein kleiner Teil des Rückganges dürfte auf eine Verminderung der Fremdwechsel zurückzuführen sein, die während der ganzen Kriegsjahre eine rückläufige Tendenz zeigten. Zu beachten ist freilich auch die verringerte Spanne zwischen dem offiziellen und dem Privatdiskontsatz. Demgegenüber aber hätte wiederum die steigende Richtung der Warenpreise für eine Vermehrung des Wechselumlaufs gesprochen.

Bei Ausgang des Weltkrieges stellt der Privatdiskontsatz hauptsächlich den Ausdruck der Bereitwilligkeit des Geldmarktes zur Übernahme von Schatzwechseln des Bundes und anderer öffentlichen Körperschaften dar. Erst in zweiter Linie dürfte sich der seit 1916 wachsende Kreditbedarf der Industrie in der Bildung des Zinssatzes ausgewirkt haben. Sicher hat dieser Bedarf, der aber nur bei einem Teile der Exportindustrie, die umfangreiche Kriegslieferungen ausführen konnte, vorhanden war, auch im Wege des Wechselkredits Befriedigung gefunden, namentlich, als die Lage des Kapitalmarktes sich verschlechterte und eine Umwandlung in feste Anleihen oder Ablösung durch Aktienausgabe sich schwieriger gestaltete. Jedenfalls waren es auch hier Finanzwechsel, die in vermehrtem Maße das Portefeuille der Banken füllten.

b) Der Lombardkredit. Das Aufleben des Börsengeschäftes in Verbindung mit der Beseitigung des Terminhandels wird den Lombardwechsel auch aus den Kreisen der Spekulanten mehr in den Verkehr gebracht haben, da der Reportkredit ja ausfiel. Das brachte also eine weitere Veränderung des Diskontmaterials und damit zugleich auch einen Rückgang in der Liquidität der Wechsel. Es sind die gleichen Feststellungen wie bei der Untersuchung des internationalen Geldmarktes.

Auch für die Lombardkredite gilt nichts anderes. Die Lombardbeleihungen und Reports zeigen auch im Weltkriege eine fallende Tendenz, wie es schon seit 1909 der Fall war. Die schweizerische Bankstatistik weist bei den freien Banken folgende Bestände am Jahresende nach (in Millionen Franken):

1914	1915	1916	1917	1918
181	181	156	138	120

Deutlich zeigt sich hier der ständige Abfall, der besonders auf die Verminderung dieser Posten bei den Großbanken zurückzuführen ist.

Die Liquidation der Termingeschäfte per ultimo Juli und August 1914 hatte schon zum Teil nicht mehr durchgeführt werden können. Um einen Kurssturz zu vermeiden, schritt man bereits am 27. Juli 1914 zur Schließung der Börsen. Nur Genf machte eine Ausnahme; hier vollzog sich die Juliliquidation glatt, auch blieb die Börse wenigstens für die Notiz festverzinslicher Werte geöffnet. Auch in Basel gestaltete sich die Lage leichter als in Zürich, wo die Positionen sehr lange in der Schwebe blieben; erst Mitte 1915 war hier ein Teil der Geschäfte erledigt.

Die Wiedereröffnung der Börsen bzw. die Wiederaufnahme der Aktiennotierungen bewirkte keine Zunahme der Lombard- und Reportvorschüsse. Da, wie bereits erwähnt, die Termingeschäfte nicht wieder aufgenommen wurden, blieb die Gelegenheit zum Abschluß offizieller Reportgeschäfte versagt. Nach der Zulassung der Kassageschäfte in Aktien — in Zürich geschah dies im Juli 1916, nachdem die anderen Börsenplätze darin vorangegangen waren — wurde das Börsengeschäft wieder normal, zeitweise wurde es sogar so lebhaft, daß die Umsätze die des Friedens überstiegen. Eine Zunahme der Lombardvorschüsse war aber trotzdem nicht festzustellen, obwohl das Kassageschäft doch die Festlegung viel bedeutenderer Mittel erfordert als das Termingeschäft. Ein Teil der benötigten Mittel wird allerdings durch Lombardwechsel, die dann in das Wechselportefeuille der Banken wanderten, und durch Kontokorrentkredite beschafft worden sein. Erst 1918 stellt sich eine engere Verbindung zwischen Börse und Geldmarkt wieder her und zwar infolge der Verknappung der Mittel des Geldmarktes. Doch äußert sich das nicht in einer weiteren, sichtbaren Beanspruchung des Geldmarktes zu steigenden Zinssätzen, sondern mehr in einer Anpassung der Effektenkurse an die wachsende Zinsfußerhöhung.

Was nach dem Rückgang der an der Börse ausgeliehenen Gelder an Lombardgeschäften übrig blieb, waren in der Regel nur noch kurzfristige Vorschüsse an Handel und Gewerbe. Da hierbei die kleineren Banken mehr als die Großbanken beteiligt waren, so ist die Liquidität der bei Kriegsende noch verbliebenen Lombardvorschüsse nicht zu günstig zu beurteilen. Teilweise muß man sie vielleicht noch ungünstiger ansehen als die der Kontokorrentkredite.

Bei den steigenden Zinssätzen des Kapitalmarktes machten sich natürlich die Maximalzinsfüße mancher Kantone noch unangenehmer bemerkbar als vor dem Weltkriege. Die ungünstige Lage des Hypothekenmarktes macht eine weitgehende Bevorschussung von Hypothekartiteln oder eine vorläufige Befriedigung des Kapitalbedarfes durch Lombardkredite wahrscheinlich. Zwar weisen auch die Vorschüsse auf festen Termin, deren Natur teilweise mit der der Lombarddarlehen verwandt ist, ebenfalls eine fallende Tendenz auf, doch ist dies mit Sicherheit auf die bessere Lage der schweizerischen Landwirtschaft während des Weltkrieges zurückzuführen, die ihr die Rückzahlung von Darlehen und Vorschüssen gestattete. Es blieben also die Vorschüsse, die in dieser Form vorzugsweise dem kleineren Gewerbetreibenden und Händler gegeben waren.

Ein wesentlich anderes Bild bietet dagegen die Entwicklung der Lombardvorschüsse bei der Schweizerischen Nationalbank und der Darlehnskasse der Schweizerischen Eidgenossenschaft. Letztere war eine Kriegsgründung, die dazu bestimmt war, die durch den Krieg hervorgerufenen Notstände durch Gewährung von Lombardkredit zu beseitigen. Die Darlehnskasse war in der Beleihung der Objekte nicht so beschränkt wie die Nationalbank; sie durfte Effekten in weiterem Umfange beleihen, daneben auch Hypotheken, Sparbücher und Rohstoffe, und zwar zum Lombardsatze der Nationalbank. Ihre Errichtung Anfang September 1914 erfolgte zu spät, als daß sie anläßlich der Krise bei Kriegsausbruch hätte helfend eingreifen können[1]. Ihre Tätigkeit setzte erst ein, als der Geldmarkt und der Zahlungsverkehr sich wieder etwas beruhigt hatten. Hauptsächlich gewährte sie ihre Kredite an Hypothekenbanken, die durch plötzliche Zurückziehung von Kapitalien in Schwierigkeiten geraten waren; von Handel und Industrie wurde sie in weit geringerem Maße in Anspruch genommen, relativ am meisten noch von der Hotelindustrie.

Die Mittel zur Kreditgewährung beschaffte sich die Darlehnskasse durch Ausgabe von Darlehnskassenscheinen, einem Staatspapiergelde, das weder in Gold noch in Banknoten eingelöst zu werden brauchte. Dagegen war die Nationalbank berechtigt, die Darlehnskassenscheine, die über 25 Fr. lauteten, in ihre Notendeckung einzurechnen, allerdings im Gegensatz zur Deutschen Reichsbank nur in die bankmäßige Notendeckung. Hier sind mit Hilfe der Notenpresse Beträge aufgebracht worden, die eigentlich eine Beanspruchung des Kapitalmarktes hätten bilden müssen. Doch hielt sich die Kreditgewährung durch die Darlehnskasse immerhin in einem begrenzten Rahmen. Die Lombardkredite betrugen am Ende der Jahre in Millionen Franken:

1914	1915	1916	1917	1918
37,6	54,9	31,0	25,4	30,7

[1] Kellenberger: Geldumlauf und Thesaurierung. S. 198. Zürich 1920.

Die Gesamtsumme der in den einzelnen Geschäftsjahren bewilligten Kredite betrug jeweils (in Millionen Franken):

1914/15	1915/16	1916/17	1917/18	1918/19
96,709	29,983	13,076	10,851	5,721

Es handelt sich also tatsächlich in der Hauptsache um eine Beseitigung der bei Kriegsausbruch aufgetretenen Schwierigkeiten. Seit 1915 läßt die Beanspruchung der Darlehnskasse erheblich nach. Dafür gewähren aber die Lombardvorschüsse der Nationalbank folgendes Bild (in Millionen Franken):

1914	1915	1916	1917	1918
19,6	21,0	22,1	45,2	40,9

Einem in die Augen fallenden Rückgang in den ersten Kriegsjahren folgt im Gegensatz zur Beanspruchung der Darlehnskasse 1917 eine Verdoppelung des Lombardbestandes gegenüber 1916. Interessant ist auch die Zunahme der Zahl der Lombardrechnungen seit Kriegsausbruch. Führte die Nationalbank Ende 1913 321 offene Lombardkonten, so waren es Ende 1914 bereits 646, Ende 1916 sogar 944, welche Zahl in den nächsten Jahren ungefähr gleich blieb.

Die Höhe des Lombardsatzes betrug von Anfang 1915 bis Mitte 1918 $^1/_2$% über dem Diskontsatze, also unverändert 5%. In den ersten Kriegsmonaten und seit Juli 1918 lag er 1% über dem offiziellen Diskontsatz.

c) **Der Kontokorrentkredit.** Die Kriegsverhältnisse haben nach Überwindung der Krisenerscheinungen in den beiden ersten Monaten des Weltkrieges die bankmäßige Erledigung des gesamten Zahlungsverkehrs wesentlich gefördert. Man war mehr auf die Mithilfe der Bank angewiesen, besonders bei der Abwicklung von Geschäften mit dem Ausland, aber auch im Inland war es von Bedeutung für Handel und Industrie, Bankreferenzen ausweisen zu können. Besonders nach der Gründung der Treuhandstelle in Zürich und der Société Suisse de surveillance économique in Bern mußten die Banken vielfach Avalbürgschaften für ihre Kundschaft übernehmen oder Akkreditive stellen. Der Zwang, sich der Mithilfe der Banken bei der Regelung des Zahlungsverkehrs mit dem Auslande zu bedienen, brachte den Banken auch im binnenländischen Zahlungsverkehr eine vermehrte Beanspruchung. Dies führte natürlich gleichzeitig zur Unterhaltung größerer Kontokorrentguthaben, die nach der schweizerischen Bankstatistik folgendermaßen zunehmen (in Millionen Franken):

	1914	1915	1916	1917	1918
Bestand	1286	1587	1989	2363	2819
Zunahme gegen das Vorjahr	+68	+301	+402	+374	+356

Neben der Geldentwertung, die in den Zahlen ja auch zum Ausdruck kommt, tritt hierin besonders der Ausverkauf der Läger und der Warenbestände in Erscheinung. Hierauf dürfte gerade die Zunahme im Jahre 1915 zurückzuführen sein.

In den folgenden Jahren kommt es bei einzelnen, durch Kriegslieferungen bevorzugten Zweigen der Ausfuhrindustrie sowie bei der Landwirtschaft, zur Anhäufung großer Gewinne. Diese Gelder finden natürlich nicht allein als Kontokorrentguthaben Unterkunft, sie werden zum Teil auch langfristig angelegt, aber andererseits wachsen auch die Scheckrechnungen der Banken, das Girokonto der Nationalbank, sowie die Bestände der Postscheckkonten an.

Die gesamten fremden Gelder der schweizerischen Banken zeigen folgenden Zuwachs (in Millionen Franken):

	1914	1915	1916	1917	1918
Bestand	7858	8311	9043	9937	10783
Zunahme gegen das Vorjahr	+174	+453	+732	+894	+846

An der Zunahme dieser fremden Gelder haben zum größeren Teile die kurzfristigen Anlagen mitgewirkt. Denn außer den Kontokorrentguthaben weisen auch die Korrespondenten- und Scheckguthaben nach der schweizerischen Bankstatistik eine erhebliche Steigerung auf. Leider weist die Statistik diese beiden Arten nicht gesondert aus, obwohl sie doch recht verschiedener Herkunft sind. Die Korrespondentenguthaben werden eimal von den kleineren Instituten bei den größeren Banken als Kassenreserven gehalten; weiter sind hierin aber auch die Guthaben ausländischer Bankfirmen enthalten, während die Scheckguthaben der Natur der Kontokorrentkreditoren recht ähnlich sind. Hierdurch ist es wesentlich erschwert, die Quellen zu erkennen, aus denen die fremden Gelder der Banken gespeist worden sind.

Ein Vergleich der Kontokorrentkreditoren mit den nachstehend aufgeführten Kontokorrentdebitoren (in Millionen Franken):

	1914	1915	1916	1917	1918
Bestand	2339	2408	2602	2950	3470
Zu- oder Abnahme gegen das Vorjahr	—66	+69	+194	+348	+520

sowie mit der Entwicklung der Korrespondentdebitoren (in Millionen Franken):

	1914	1915	1916	1917	1918
Bestand	354	555	711	973	1204
Zunahme gegen das Vorjahr	+38	+201	+156	+262	+231

wird einen Schritt weiter führen, da sich die Hauptmasse der Korrespondentdebitoren bei den Großbanken vorfindet und diese weitaus überwiegend aus den Auslandguthaben der schweizerischen Firmen bestehen dürfte. Im ersten Kriegsjahre hatten die Banken einen scharfen Abbau der Kontokorrentkredite vorgenommen. Wenn dieser Ende 1914 mit einer Abnahme von nur 66 Millionen Franken nicht so stark in Erscheinung tritt, so liegt das an der Bevorschussung der Auslandguthaben, die in einem der Krediteinschränkung entgegengesetzten Sinne wirkte. Ende 1915 haben infolge dieser Vorgänge die Debitoren erst wieder den Stand von 1913 erreicht. Ein Beweis für die durch diese Erscheinung hervorgerufene Umschichtung der Kredite ist die Abnahme der Blankokredite, eine Bevorschussung von Devisen erscheint ja stets als gedeckter Kredit. Erst 1916 setzt wieder eine bedeutende Zunahme der ungedeckten Kredite ein, hervorgerufen durch die lebhafte Tätigkeit der Exportindustrie, die bei ihrem guten Geschäftsgang leicht wieder Blankokredite erhielt. Die Jahre 1917 und 1918 zeigen sogar ein besonders starkes Anwachsen der Debitoren. Im Verhältnis scheinen in diesen Jahren die Auslandguthaben und deren Bevorschussung zurückzutreten, wenn man die Ziffern der Korrespondentdebitoren zum Vergleich heranzieht und die erheblichen Verluste auf diesen Konten infolge der Valutaentwicklung berücksichtigt. In höherem Maße tragen in den beiden letzten Jahren die Bedürfnisse der Industrie zu der Aufblähung der Ziffern bei.

Die Einfuhrziffern der Handelsbilanz zeigen, daß zur Ergänzung der Warenlager und Rohstoffvorräte seit 1917 größere Summen aufgewandt werden mußten; die Rückwirkung dieser Ausgaben findet sich in den Debitoren, da die Beanspruchung des Kapitalmarktes durch die Industrie nicht erheblich war. Wenn 1917 die Zunahme der Debitoren die der Kreditoren noch nicht ganz erreicht, so übertrifft sie im Jahre 1918 die der letzteren um nicht weniger als 64 Millionen Franken. Trotzdem ist aber bei Kriegsende das Verhältnis zwischen Debitoren und Kreditoren bei den Banken ein wesentlich günstigeres geworden. Die Kreditoren betragen Ende 1918 ca. 81% der Debitoren. Das zeigt also, daß die Gewinne der Industrie und des Handels, vor allem aber die Räumung der Vorräte und ihre Umwandlung in Bankguthaben eine stärkere Entwicklung aufweisen als die Kreditbedürfnisse.

Hier sind noch die Bankdepositen in den Kreis der Betrachtungen zu ziehen. Sie dürften zum geringsten Teil Spargelder darstellen, da diese die Form der Obligationen und der eigentlichen Sparkonten vorziehen. Es sind wohl überwiegend flüssige Betriebsmittel von Firmen, die für sie infolge der Einschränkung ihrer Tätigkeit, wie sie der Krieg für viele Unternehmungen, namentlich der Luxusindustrie, mit sich brachte, zur Zeit keine Verwendung hatten und sie, um höhere Zinsen zu erzielen, mit Kündigungsfrist den Banken überließen. Außerdem sind darunter auch Beträge enthalten, die größere Kapitalisten den Banken vorübergehend überließen, da sie infolge der Unsicherheit der Verhältnisse keine festen Anlagen machen wollten oder wenigstens bei Eintritt günstiger Gelegenheiten innerhalb relativ kurzer Frist Kapital zur Verfügung haben wollten. Die uneinheitliche Entwicklung der Depositen, die sich aus den folgenden Zahlen ergibt (in Millionen Franken):

	1914	1915	1916	1917	1918
Bestand	327	361	442	488	466
Zu- oder Abnahme gegen das Vorjahr	—30	+34	+81	+46	—22

beweist, daß wir es hier mit Geldern zu tun haben, die recht verschiedener Herkunft sind und die daher den verschiedensten Einflüssen unterliegen. Ebenso kann man aber aus dem Auf und Ab der Zahlen entnehmen, daß diese Depositen nicht dem Kapitalmarkt zuzuzählen sind.

Zwar zeigen sie 1914 dieselbe Erscheinung wie die Spargelder — die Angstabhebungen im August und September — in verschärftem Maße, 1916 weisen sie aber eine besonders große Zunahme auf, die deutlich den Zusammenhang mit den Ausfuhrziffern der Handelsbilanz zeigt. Den Rückgang im Jahre 1918 kann man zwar auf Einflüsse des Kapitalmarktes mit zurückführen, aber unstreitig wirken auch die Vorgänge auf dem Geldmarkt mit. Seit Mitte 1918 ließ die Konjunktur nach, man rechnete bereits mit einem bevorstehenden Kriegsende. Die Zunahme der Debitoren dürfte zum größeren Teil in der ersten Hälfte des Jahres zu suchen sein; soweit sie in die zweite Hälfte fällt, ist sie auf die Umstellung auf die Friedenswirtschaft und auf die zunehmende Geldentwertung zurückzuführen. Bekanntlich rechnete man in der ganzen Welt damals mit einem gewaltigen Warenhunger sämtlicher kriegführenden Länder nach Friedensschluß. Hierfür glaubte man selbstverständlich auch auf dem Geldmarkt die nötigen Vorbereitungen treffen zu müssen. So ist es verständlich, wenn bei der wachsenden Verknappung der Geldmittel eine Abnahme dieser Depositen eintritt, obwohl die Kontokorrentkreditoren noch wesentlich zunehmen. Man wird vielfach die Depositen wieder in Kontokorrentguthaben zurückverwandelt haben, um die Mittel für die erwartete Geschäftsbelebung bereit zu haben.

Berücksichtigt man die bei Kriegsende vorhandene Geldentwertung — man darf rund mit einer Verdoppelung der Warenpreise rechnen —, so verlieren die angeführten Ziffern an Bedeutung. Aber trotzdem läßt sich eine vermehrte Aufsaugung der kurzfristigen Gelder durch die Banken während des Weltkrieges feststellen. Gleichzeitig tritt damit auch eine Umschichtung in der Bedeutung der Bankgruppen ein. Den

Hauptanteil an der Zunahme des Kontokorrentgeschäftes haben die Großbanken. Seit 1916 übersteigt ihre Bilanzsumme die der Kantonalbanken. Die übrigen Bankgruppen treten diesen beiden gegenüber an Bedeutung zurück, der Konzentrationsvorgang im Bankgewerbe macht seit 1918 neue Fortschritte. So endet der Weltkrieg für die Schweiz mit einer Stärkung der Stellung der Großbanken auf dem Geldmarkt. Der Wechselmarkt ist beherrscht von den öffentlichen Krediten, die Börsen stellen keine Kreditansprüche mehr in den früher üblichen Formen, die bei den Banken sich sammelnden Kontokorrentgelder sind das Hauptbecken geworden, aus denen die Bedürfnisse des Handels und der Industrie gespeist werden.

d) Die allgemeine Lage auf dem Kapitalmarkte. Auf dem Kapitalmarkt herrschte während des Weltkrieges die Befriedigung der öffentlichen Kreditansprüche vor, und damit verbunden ist das Überwiegen des Konsumtivkredites. Die Emissionsstatistik an sich ist zwar auch nicht vollkommen verläßlich, da ihr manche Ausgabe von Aktien und auch von Obligationen kleinerer Gesellschaften entgeht, die unter der Hand untergebracht werden, während die größeren Anleihen öffentlicher Körperschaften vollständig von der Statistik erfaßt werden. Es spricht hier der Umstand mit, daß die Schweiz die G. m. b. H. nicht kennt und daher eine große Zahl kleiner und kleinster Aktiengesellschaften aufweist. Da die schweizerischen Verhältnisse bei der relativen Kleinheit des Landes leichter zu übersehen sind, darf man diese Fehlerquelle der Statistik andererseits auch wieder nicht als zu beträchtlich annehmen.

Die Gesamtbeanspruchung des schweizerischen Kapitalmarktes beträgt nach Feststellungen des schweizerischen Bankvereins im Jahre (in Millionen Franken):

1914	1915	1916	1917	1918
368,1	385,4	458	481,5	809

Dazu käme noch die Vermehrung des Bestandes der kurzfristigen Bankobligationen, die Landmann für die Jahre 1914—1919 auf 75 Millionen Franken jährlich schätzt gegenüber der doppelten Ziffer im vorhergehenden Jahrzehnt[1]. Die Belastung des Kapitalmarktes durch den internationalen Verkehr ist ja schon im vorigen Abschnitt dargelegt. Da dem Rückfluß schweizerischer Werte aus dem Ausland keine entsprechende Wertpapierausfuhr gegenübersteht, erhöht sich die Beanspruchung des Kapitalmarktes für den 5jährigen Zeitraum tatsächlich noch um mehrere hundert Millionen Franken.

Kennzeichnend für diese Periode ist weiter die zunehmende Bedeutung der Emission von Obligationen, die bei dem Vordringen des öffentlichen

[1] Nach Stucki: a. a. O. S. 97.

Kredits notwendig in den Vordergrund treten muß. W. Stucki[1] hat für den Zeitraum von 1914 bis 1921 berechnet, daß auf den öffentlichen Kredit 48%, auf die Banken und Trusts 34% und auf die Industrie bloß 18% der Gesamtinanspruchnahme des Kapitalmarktes entfallen. Zu berücksichtigen ist hierbei, daß ein Teil des auf die Banken und Trusts entfallenden Prozentsatzes letzten Endes doch wieder der Industrie zur Verfügung gestellt wird. An den oben angeführten Zahlen der Gesamtbeanspruchung des Kapitalmarktes sind die Aktienemissionen beteiligt mit (in Millionen Franken):

1914	1915	1916	1917	1918
32,1	1,4	77	92,8	169

Teilt man aber, auf der Statistik des schweizerischen Bankvereins fußend, die Gesamtbeanspruchungen des Kapitalmarktes auf in die durch den öffentlichen Kredit — Eidgenossenschaft, schweizerische Bundesbahnen, Kantone und Gemeinden — und in die Inanspruchnahme des Marktes durch Aktien- und Obligationenemissionen der Industrie und der Banken, so ergibt sich folgendes Bild (in Millionen Franken):

	1914	1915	1916	1917	1918
Öffentlicher Kredit . .	223	245	268	260	536
Privater Kredit	145,1	140,4	190	221,5	273
Zusammen	368,1	385,4	458	481,5	809

Diese Aufstellung zeigt, daß der nationale Kapitalmarkt während des Weltkrieges stärker beansprucht worden ist als in den Jahren vorher[2], und dies, obwohl von privater Seite geringere Ansprüche gestellt wurden. Letztere bewegen sich erst 1916 und 1917 annähernd auf Vorkriegshöhe, um diese erst 1918 zu überschreiten, aber auch das nur, wenn man die Geldentwertung unberücksichtigt laßt.

Zu beachten bleibt dabei, daß das Zinsniveau durchgängig höher liegt als vor dem Kriege. Die Geldflüssigkeit, die auf dem Geldmarkte 1916 und 1917 noch eine Senkung des Privatdiskontsatzes unter den üblichen Durchschnitt brachte, vermochte auf dem Kapitalmarkte bei der großen Beanspruchung und der immerhin nicht allzu bedeutenden Kapitalneubildung keine Wirkung auszuüben. Die dem Geldmarkt zur Verfügung stehenden Kapitalien waren eben überwiegend brachliegende Betriebsmittel, während die ungenutzten Anlagen, wie sie während des Krieges bei der gesamten Fremden- und Luxusindustrie sehr häufig anzutreffen sind, sich nicht wieder in Geldkapital zurückverwandeln ließen. Die Kapitalneubildung war in diesen Jahren doch

[1] A. a. O. S. 98. [2] Vgl. S. 31.

beschränkt auf die Landwirtschaft und gewisse Zweige der Industrie und des Handels, die allerdings hohen Gewinn abwarfen. Daß man diese aber auch nicht überschätzen darf, geht daraus hervor, daß der Aktienindex der Schweizer Börsen nicht den Vorkriegsstand erreicht, wenn auch schon im Jahre 1916 einzelne Gesellschaften ihren Kursstand verdoppeln, ja z. B. die Chemische Fabrik Sandoz vervierfachen konnte. Die Erträgnislosigkeit fast aller Trustunternehmungen, der Fremdenindustrie sowie eines Teiles der Luxusindustrie macht sich hier bemerkbar.

Gelder, die sonst auf dem Geldmarkt Verwendung fanden, sind jedoch zum Kapitalmarkt hinübergewandert. Sogar bei den Banken hat das Effektenportefeuille an Bedeutung gewonnen. Es handelt sich hier nicht etwa nur um Restbestände aus Konsortialgeschäften, sondern um eine Anlage in viel gehandelten Obligationen, die dann gewissermaßen einen Ersatz für das Wechselportefeuille bieten sollten. Diese Bewegung beschränkte sich nicht nur auf die Banken, auch weite Kreise der Geschäftswelt legten ihre zur Zeit nicht verwendbaren Betriebskapitalien in Obligationen an. Diese boten ja, nachdem sich der Kursstand dem erhöhten Zinsniveau des Kapitalmarktes angepaßt hatte, eine ganz andere Verzinsung, als sie eine Verwendung auf dem Geldmarkt einbringen konnte. Einen Beweis dafür, daß solche Mittel auf dem Kapitalmarkte Unterkunft gesucht hatten, kann man auch darin erblicken, daß in den Kriegs- und den ersten Nachkriegsjahren große Posten von Staatswerten hin und her gehandelt worden sind, bevor sie in feste Hände kamen.

Im Börsengeschäft der Kriegsjahre überwiegen die Umsätze in Obligationen, während die Aktienumsätze trotz der zeitweise recht lebhaften Spekulation im allgemeinen zurücktreten. Erst gegen Kriegsende beginnt das Geschäft in Aktien wieder seine alte Bedeutung zurückzugewinnen. Die allgemeine Unsicherheit der Preisbildung, die starke Abhängigkeit der wirtschaftlichen von der politischen Lage führt zu großen Kursschwankungen. Interessant ist, daß politische Ereignisse in Genf z. B. oft entgegengesetzt wirken wie in Basel oder Zürich[1]. Es kommt hier eine Identität der politischen mit den wirtschaftlichen Interessen zum Ausdruck, die gerade deshalb so merkwürdig wirkt, weil sie die Schweiz deutlich in zwei entgegengesetzte Lager spaltet. Weiter üben natürlich die Devisenkurse einen großen Einfluß auf die Bildung der Effektenkurse aus, nicht nur bei den reinen Valutawerten, sondern auch bei den indirekten Valutawerten, deren Kreis bei den ausgedehnten Exportinteressen der Schweiz recht weit zu ziehen ist.

Die Börsenlage entwickelt sich nun nach dem anfänglichen Stillstand von einer großen Flüssigkeit im Jahre 1916 zu einer starken Anspannung gegen Kriegsende, dies alles jedoch von Anfang an, wie ein Blick auf

[1] Stucki: a. a. O. S. 63.

die Entwicklung des Obligationenindex zeigt, unter Zugrundelegung eines wesentlich höheren Zinsniveaus.

e) **Die öffentlichen Anleihen.** Kennzeichnend für die Beanspruchung des Marktes durch Neuemissionen ist vor allem das Hervortreten der Eidgenossenschaft unter den öffentlichen Schuldnern, die bisher neben Bundesbahnen, Kantonen und Gemeinden nur eine bescheidene Rolle gespielt hatte. Die Ursachen hierzu bildeten in erster Linie die hohen Mobilisationskosten, die der Schweiz aus ihren Sicherungsmaßnahmen zur Aufrechterhaltung der Neutralität erwuchsen; ferner waren daran beteiligt die Kosten, die die Lebensmittelversorgung des Landes durch den Staat verursachte, und schließlich noch die Fehlbeträge der Staatsrechnung, die durch verminderte Einnahmen und die sonstigen, sich ständig vermehrende Ausgaben entstanden. Von wesentlicher Bedeutung sind auch die veränderten Finanzierungsmethoden, die der Bund während des Weltkrieges anwandte. Auch beim Bunde kam neben der vermehrten Bedeutung der Kassenscheine die kurzfristige Anleihe in Aufnahme.

Die erste Mobilisationsanleihe vom August 1914 ist noch durchaus als ein Ergebnis der Krisis bei Kriegsausbruch zu werten und nimmt als solche eine Sonderstellung ein. Eingedenk der Erfahrungen, die man 1870 gemacht hatte, wählte man gleich den 5proz. Zinsfuß, begrenzte aber die Laufzeit der 30-Millionen-Anleihe auf $2^1/_2$ Jahre. Der Anleihemodus entsprach also etwa dem der verzinslichen Schatzanweisungen des Deutschen Reiches. Dank der patriotischen Stimmung, die der Weltkrieg anfangs auch in der neutralen Schweiz erzeugte, wurde die Anleihe trotz aller Hindernisse gut untergebracht, nicht zuletzt freilich auch infolge der für ein Staatspapier ungewohnt hohen Verzinsung.

Die unerwartet hohen Kosten der Mobilisation zwangen bereits im November 1914 zur Auflegung einer neuen Anleihe in dem für Schweizer Verhältnisse hohen Betrage von 50 Millionen Franken. Hoch war die Summe vor allem deshalb zu nennen, weil sie jetzt allein auf dem nationalen Kapitalmarkte aufgebracht werden mußte, da der französische nicht mehr zur Verfügung stand. Diese Anleihe sowie die folgende dritte Mobilisationsanleihe wiesen die übliche Form der langfristigen Tilgungsanleihe auf. Das Zeichnungsergebnis auf die zweite Mobilisationsanleihe war so günstig, daß man im Juli 1915 mit der dritten Mobilisationsanleihe glaubte, dem Kapitalmarkt eine Belastung von 100 Millionen Franken zumuten zu dürfen und gleichfalls den Zinsfuß auf $4^1/_2$%, allerdings bei Unterpariemission, herabsetzen zu können. Dank der vorher geschilderten Flüssigkeit des Geld- und Kapitalmarktes glückte die Unterbringung.

Die Jahre 1916 und 1917 brachten je zwei Anleihen in Höhe von 100 Millionen Franken. Mit der vierten Mobilisationsanleihe vom Februar 1916 beginnt die Abkehr von der Tilgungsanleihe. Die letztgenannte Anleihe wird bereits nach 10 Jahren mit ihrem Gesamtbetrage fällig. Damit verzichtet der Bund darauf, die Mehrausgaben der Kriegszeit schon jetzt einer planmäßigen Tilgung zu unterwerfen. Er übernimmt damit aber ein erhöhtes Risiko für die spätere Konversion der Anleihen. Es fragt sich sehr, ob der Eintausch dieses Risikos gegen die Möglichkeit, später den Zinsfuß herabsetzen zu können, richtig war. Freilich war der Bund jetzt der Sorge für die Aufbringung der Tilgungsquote enthoben, aber gerade hierdurch wurde eine weitgehende Entlastung der Gegenwart erreicht, die viel leichter zu einer endlosen Defizitwirtschaft führen konnte.

Die achte Mobilisationsanleihe brachte wieder infolge der wachsenden Belastung des Kapitalmarktes den 5proz. Zinsfuß und gleichzeitig eine Erhöhung des Anleihebetrages auf 150 Millionen Franken. Diese Summe konnte nur mit Mühe untergebracht werden. Während die früheren Anleihen zu 40—60% überzeichnet wurden, liefen auf die letzte Anleihe nur für 151,5 Millionen Franken Zeichnungen ein. Die Höhe dieser Anleihe wird erst dann recht klar, wenn man sich erinnert, daß sich die Gesamtverschuldung des Bundes Ende 1913 auf nur 146,3 Millionen Franken belief. Dabei brachte das Jahr 1918 noch eine weitere, die neunte Mobilisationsanleihe zu 5% in Höhe von 100 Millionen Franken, die aber bereits 1924 fällig wurde.

So hat der Bund mit seinen neun Mobilisationsanleihen während dieser Periode den Kapitalmarkt allein mit 830 Millionen Franken belastet. Schon diese Summe mußte eine völlige Umschichtung hervorrufen. Es kamen aber noch mehr öffentliche Werte auf den Markt. Gegen Ende 1918 erschien der Bund nochmals auf dem Markte mit 1- und 2jährigen Kassenscheinen, die zur Finanzierung der Zivilversorgung des Landes dienen sollten, weil diese bei ihrer fortdauernden Kapitalbeanspruchung mit den Reskriptionen allein nicht mehr durchzuführen war. Durch diese Kassenscheine wurden dem Kapitalmarkt weitere 186 Millionen Franken entzogen.

Gegenüber der Eidgenossenschaft treten die Bundesbahnen mit ihrem Finanzbedarf zurück. Die Anleiheaufnahme von 1914 fällt noch in die erste Friedenshälfte des Jahres. Erst 1918 nehmen die schweizerischen Bundesbahnen eine 5proz. Anleihe in Höhe von 50 Millionen Franken auf. Bis 1917 haben sie ihren Kapitalbedarf durch Aufnahme schwebender Schulden gedeckt. Diese weisen aber 1918 trotz der eben erwähnten Anleihe eine Vermehrung um mehr als 78 Millionen Franken auf, während ihr Zuwachs von Ende 1913 bis Ende 1917 nur 42 Millionen Franken betrug. Jedenfalls zeigen uns diese Zahlen, daß erst mit dem Jahre 1918 eine ins Gewicht fallende Belastung des Kapitalmarktes durch die Bundesbahnen einsetzt. Wichtig ist aber auch der Umstand, daß die Bundesbahnen bei Ausgang des Weltkrieges ein großes Defizit aufweisen und für die Verzinsung ihrer Schulden nicht mehr voll aufkommen können, daß damit also die Eisenbahnanleihen ihren Charakter als produktive Schulden zum großen Teil einbüßen.

Die Beanspruchung des Kapitalmarktes durch die Kantone und Gemeinden ist während der fünf Jahre von 1914—1918 nicht wesentlich größer als in den fünf vorhergehenden Jahren. Die gesamten Anleiheaufnahmen der Kantone betragen in runden Summen für die angegebene Periode 320 bzw. 260 Millionen Franken und für die Gemeinden 210 bzw. 180 Millionen Franken. Erst das Jahr 1918 weist auch hier wieder in beiden Fällen eine vermehrte Inanspruchnahme auf. Bei der Zunahme der sozialen Lasten, die diesen Körperschaften erwuchsen, und bei der wachsenden Geldentwertung kann man die Finanzpolitik der Kantone und Gemeinden während des Weltkrieges als durchaus gemäßigt bezeichnen. Erst gegen Kriegsende beginnt eine wachsende Verschuldung einzusetzen. Freilich muß man berücksichtigen, daß infolge der hohen Kosten der Anleiheaufnahme — die Kantone und vor allem die Gemeinden mußten doch immer mit einer Verzinsung rechnen, die die der Bundesanleihen überstieg, also 1918 schon über 5% betrug — diese Verbände sich zur Geldbeschaffung vielfach an den Geldmarkt wandten, wo sie Reskriptionen und Wechsel bedeutend billiger unterbringen konnten.

f) Der private Kapitalbedarf. Wie durch das Hervortreten des Geldbedürfnisses der Eidgenossenschaft die öffentlichen Kreditansprüche das Übergewicht erlangt haben, so hat sich auch innerhalb der privaten Kreditnehmer eine Umschichtung vollzogen. Einmal fallen die Trusts mit ihren Ansprüchen an den Kapitalmarkt fast vollständig aus. Sie, die vor dem Weltkriege bedeutendere Kapitalien brauchten als die Kantone, hatten unter der Entwicklung der Devisenkurse und unter den sonstigen Kriegshemmungen besonders schwer zu leiden, so daß sie, mit Ausnahme einiger Gesellschaften, die Interessen in neutralen Ländern besaßen, nur mit den unumgänglich notwendigen Konversionen auf dem Markt erschienen, Neubeanspruchungen aber fast ganz vermieden. Anders lag es bei den Banken, die 1915 noch mit verhältnismäßig erheblichen Anleihebeträgen auf dem Markt erschienen, während späterhin die aufgenommenen Beträge auch wesentlich zurückgingen. Die Hotelindustrie und die Bergbahnen, die auf den Touristenverkehr eingestellt waren, fielen mit neuen Ansprüchen vollständig aus.

Nicht rückgängig war allein der Kapitalbedarf der Industrie. Allerdings sind es hier einzelne Zweige, die durch die Kriegskonjunktur begünstigt hervortreten, während andere wieder ganz ausfallen[1]. Nur

[1] Prion: Der internationale Geld- und Kapitalmarkt nach dem Kriege, S. 49.

die Kriegsindustrie war ja auch in der Lage, die erhöhten Zinslasten mühelos tragen bzw. auf die Konsumenten abwälzen zu können. Seit 1915 macht sich der industrielle Anleihebedarf schon geltend, während eine Aktienausgabe der Industrie kaum festzustellen ist. Die Kapitalbeschaffung durch Aktienausgabe beginnt erst 1916, um bis 1918 anzusteigen. Erst die lebhafte Kriegskonjunktur des Jahres 1916 vermochte den erforderlichen Anreiz zur Kapitalanlage in neuen Industrieaktien zu geben. Bei den Banken setzt die Ära der Kapitalerhöhungen 1917 ein, um 1918 den Höhepunkt zu erreichen und sogar die Aktienemissionen industrieller Unternehmungen zu übertreffen.

Durch die vermehrte Belastung des Kapitalmarktes, vor allem durch den Staatskredit, geriet die Versorgung des Hypothekenmarktes in Gefahr. Das Aufhören der Bautätigkeit während des Weltkrieges verminderte zwar die Nachfrage nach Hypothekarkredit[1], aber dafür setzte sich die Bewegung in verstärktem Maße fort, die schon einige Jahre vor Kriegsausbruch eingesetzt hatte, nämlich daß sich der private Geldgeber von der Kapitalanlage in Hypotheken zurückzog. Auch die Entschuldung des landwirtschaftlich genutzten Grundbesitzes, der durch die günstige Kriegskonjunktur der Landwirtschaft erreicht wurde, wurde zum guten Teil aufgehoben durch den Grundstücksübergang in fremde Hände zu erhöhten Preisen, bei dem häufig wieder eine weitgehende Verschuldung des Bodens eintrat.

Die infolge des Weltkrieges eingetretenen Schwierigkeiten beruhen hauptsächlich auf der kurzfristigen Fundierung des Hypothekarkreditgeschäftes. Die Aufnahme langfristiger Anleihen war den Hypothekenbanken in einigem Umfange nur noch 1915 möglich. Seitdem versagt diese Kapitalbeschaffungsmöglichkeit fast vollständig, hauptsächlich auch infolge der Höhe der Verzinsung der neu emittierten Staatsanleihen. Der Hypothekenzinsfuß stieg zwar, aber nicht in gleichem Maße wie die Verzinsung der Staatspapiere. Die Banken konnten aber nicht den Zinsfuß ihrer Obligationen entsprechend heraufsetzen, ohne ihre Rentabilität zu gefährden. Die schweizerische Bankstatistik weist folgende Zunahme der Obligationen nach (in Millionen Franken):

	1914	1915	1916	1917	1918
Bestand	4129	4147	4237	4383	4493
Zunahme gegen das Vorjahr	+10	+18	+90	+146	+110

In diesen Beträgen sind die langfristigen Anleihen und die kurzfristigen Bankobligationen zusammengefaßt. Während des Weltkrieges

[1] Die umgekehrte Schlußfolgerung, daß der erhöhte Zins das Bauen verhindert habe, dürfte zumindest für die ersten Kriegsjahre nicht zutreffen, da die Unsicherheit der wirtschaftlichen Lage damals den ausschlaggebenden Faktor bildete.

ist eine wachsende Abneigung des Publikums gegen langfristige Anleihen festzustellen, an denen es infolge der Steigerung des Zinsfußes beträchtliche Kursverluste erlitten hatte. Den Banken, die mit ihrer Zinspolitik nur zögernd der vom Bunde beschrittenen Bahn folgten, flossen aber auch nur geringe Beträge an kurzfristigen Obligationen zu. Die größere Zunahme im Jahre 1917 ist auf ein Entgegenkommen der Banken in der Verzinsung zurückzuführen, die für die Ansprüche, die der Übergang zur Friedenswirtschaft voraussichtlich zeitigen würde, besser gerüstet dastehen wollten. Jedenfalls ist aber auch diese Zunahme bescheiden zu nennen im Vergleich zu der in manchen Friedensjahren. Demgegenüber ist der Zuwachs an Spargeldern viel befriedigender. Er gestaltet sich wie folgt (in Millionen Franken):

	1914	1915	1916	1917	1918
Bestand	1788	1827	1920	2058	2307
Zunahme gegen das Vorjahr	+17	+39	+93	+138	+249

Eine Erklärung für diese Erscheinung ist darin zu suchen, daß die ländlichen Kreise die Anlegung ihrer Ersparnisse in Sparbüchern vor der in Obligationen bevorzugen; und gerade aus diesen Kreisen stammt die Hauptmenge der während des Krieges ersparten Kapitalien. Eine Folge der Herkunft dieser Gelder ist auch ihre größere Beständigkeit; nur bei Kriegsausbruch erfolgten größere Abhebungen, der Rückgang der Sparkasseneinlagen im dritten Vierteljahr 1914 betrug etwa 35 bis 40 Millionen Franken (gleich rund 2% des Gesamtbetrages)[1]. Nach einer Enquete der Nationalbank vom Februar 1915 waren aber auch von dem gesamten Obligationenbestande der untersuchten Banken damals 5,70% gekündigt. Diese Zurückziehung der Gelder führte bei mancher Hypothekenbank zu Schwierigkeiten, die nur durch das Eingreifen der Darlehnskasse der Schweizerischen Eidgenossenschaft beseitigt werden konnten. Trotzdem weisen aber die Hypothekenbestände der schweizerischen Banken noch folgende Steigerung auf (in Millionen Franken):

	1914	1915	1916	1917	1918
Bestand	3968	4017	4031	4227	4324
Zunahme gegen das Vorjahr	+105	+49	+54	+156	+97

Sie ist ganz überwiegend auf die Kündigung von Hypotheken seitens Privater und auf deren Übernahme durch Banken zurückzuführen. Kennzeichnend für die Lage ist die zunehmende Bedeutung der Kantonalbanken im Hypothekengeschäft. Der wachsende Zugang an Spareinlagen, die ihnen infolge der Staatsgarantie auf Kosten der Sparkassen und kleineren Bankinstitute gerade bei der durch den Krieg geschaffenen unsicheren Lage in vermehrtem Maße zuflossen, befähigte sie hierzu.

[1] Kellenberger: Geldumlauf und Thesaurierung. S. 204.

Infolge des geringen Zuwachses an Obligationen zogen die Banken in vermehrtem Umfange Spargelder zur Gewährung von Hypothekarkrediten heran. Die Verzinsung der Spargelder war durchschnittlich niedriger als die der Obligationen. Ihre Heranziehung gestattete daher den Banken, den Hypothekarzinsfuß nicht so hoch anzusetzen, wie es die Höhe des Obligationszinsfußes eigentlich bedingt hätte. Trotz der Zurückhaltung der Banken bei der Erhöhung der Obligationenzinsen machten sich die Nachteile der Beschaffung des Hypothekarkredits durch die verhältnismäßig kurzfristigen Bankobligationen unangenehm bemerkbar, da die Banken bei einer 3—5jährigen Laufzeit ihrer Obligationen doch einen viel größeren Teil bei Verfall heraufkonvertieren mußten, als dies der Fall gewesen wäre, wenn sie sich die Mittel durch die Aufnahme langfristiger Anleihen beschafft hätten. Die Schwierigkeiten, die hieraus sowohl für den Hypothekenschuldner wie auch für die Banken entstanden, die mit ständig sich verteuerndem Gelde arbeiten mußten, ließen die Diskussion über die Schaffung eines einheitlichen schweizerischen Pfandbriefes, der zur langfristigen Finanzierung des Hypothekarkredits dienen sollte, wieder aufleben, ohne natürlich bei den unsicheren Verhältnissen zu einem greifbaren Erfolge zu führen. Infolge dieser Umstände zeigt auch der Hypothekenmarkt trotz der daniederliegenden Bautätigkeit und trotz der geringen Neubeanspruchung bei Ende des Weltkrieges ein sehr angespanntes Aussehen.

IV. Die Entwicklung nach Beendigung des Weltkrieges.

Der Waffenstillstand im November 1918 und der Friedensschluß von Versailles brachten zunächst nicht die Umgestaltung auf dem Geld- und Kapitalmarkt, die man eigentlich hätte erwarten sollen. Betrachtet man die Ziffern der Bankbilanzen sowie die Emissionsstatistiken, so kommt in ihnen das so einschneidende Ereignis unmittelbar zunächst nicht zum Ausdruck. Die ganze Linie der Entwicklung wird anscheinend nur beherrscht von der fortschreitenden Geldentwertung; die so gänzlich veränderten politischen Verhältnisse scheinen zunächst ohne Einfluß zu bleiben. Auf dem internationalen Geld- und Kapitalmarkte schafft der Währungsverfall der der Schweiz benachbarten Staaten ähnliche Verhältnisse einer zwangsweisen Isolierung, wie sie vorher durch die Kriegsmaßnahmen verursacht waren.

Auf dem heimischen Geldmarkte richtete man sich ganz auf die Fortdauer der Kriegskonjunktur ein, wie es übrigens in der ganzen Welt geschah. Auf dem Kapitalmarkte bildete die weiter anhaltende Defizitwirtschaft des Staates eine fortdauernde Belastung. Trotzdem ist aber mit dem Ausgang des Jahres 1918 ein Einschnitt in der Darstellung geboten, denn man hat nunmehr die weitere Entwicklung unter einem ganz anderen Gesichtspunkte zu betrachten. Den durch den Weltkrieg hervorgerufenen Veränderungen des Geld- und Kapitalmarktes stand die Schweiz sozusagen machtlos gegenüber; es galt für sie nur, sich möglichst geschickt durch die mannigfachen wirtschaftlichen Schwierigkeiten hindurchzuwinden. Bei der Wiederaufnahme der friedlichen Beziehungen der Völker zueinander nahm die Schweiz aber wieder eine ganz andere Stellung ein. Dank ihrer gegenüber den kriegführenden Mächten immerhin gefestigten wirtschaftlichen Stellung war ihr jetzt nach außen hin eine größere Bewegungsfreiheit gesichert.

Allerdings macht sich diese veränderte Stellung nach außen hin zunächst kaum bemerkbar. Erst die allmähliche Überwindung der im Herbst 1920 einsetzenden Weltwirtschaftskrisis zeigt in den folgenden Jahren eine deutlich wahrnehmbare Tendenz zur Rückkehr normaler Verhältnisse.

1. Die internationalen Wirtschaftseinflüsse.

a) Auf dem Gebiete des Währungswesens. Der Zahlungsmittelumlauf der Schweiz hat in den letzten Jahren wieder eine gewisse Konsolidierung erfahren. Der Notenumlauf des Landes ist von 976 Millionen Franken Ende 1918 auf 874 Millionen Franken Ende 1926 zurückgegangen, obwohl die Preisentwicklung gegenüber 1918 einen sichtlichen Rückgang aufzuweisen hat. Wenn auch 1925 im Auslande nur noch ziemlich geringe Bestände an schweizerischen Banknoten sich befinden dürften — jedenfalls sehr viel weniger als die 200 Millionen Franken, die Schätzungen zufolge 1922/1923 in ausländischem Besitz waren —, so bietet die inzwischen eingetretene Belebung des Verkehrs, besonders des Fremdenverkehrs, der viel bare Zahlungsmittel absorbiert, einen Ausgleich gegen etwaige inflationistische Tendenzen des Zahlungsmittelumlaufs. Die geringen Schwankungen innerhalb des jährlichen Umlaufs weisen aber noch deutlich auf eine Übersättigung des Verkehrs mit Noten hin.

Die inzwischen erfolgte Zurückziehung der Darlehnskassenscheine aus dem Verkehr, infolge der angeordneten Liquidation der Kasse, ist für den Umlauf an Zahlungsmitteln nicht von großer Bedeutung. Die Banknote beherrscht — von den Scheidemünzen abgesehen — immer noch den Verkehr. Goldmünzen treten im Verkehr nur in beschränktem Umfange auf. Das Publikum hat sich an die Banknote gewöhnt und bevorzugt diese vor den Goldmünzen. Als sich der schweizerische Franken Ende 1921, Anfang 1922 vorübergehend sogar über Goldparität stellte, erschienen die Goldmünzen wieder im Umlauf. Die Nationalbank konnte für 150 Millionen Franken neu geprägte Goldmünzen in den Verkehr leiten. Als der schweizerische Franken im Laufe des Jahres 1922 wieder unter Parität fiel, verschwanden sie wieder. Außer dem Goldbestande der Nationalbank waren in der Schweiz damals noch schätzungsweise 150 Millionen Franken in Goldmünzen in privaten Händen thesauriert. Bei den seit 1925 vereinzelt wieder im Zahlungsverkehr auftauchenden Goldmünzen handelt es sich vielfach um abgenützte Münzen, die aus dem Ausland, wo sie nach Gewicht gekauft worden sind, mit einem geringen Gewinn eingeführt oder eingeschmuggelt worden sind. Diese Verlustquelle ist erst in jüngster Zeit beseitigt worden. Der Bundesrat hat durch Beschluß vom 13. Dezember 1926 festgestellt, daß durch die Kündigung Belgiens die lateinische Münzunion aufgehört hat zu bestehen. Mit dem 1. April 1927 verlieren die fremden Goldmünzen ihre gesetzliche Zahlkraft. Von diesem Zeitpunkt ab ist das schweizerische Münzwesen von den letzten internationalen Bindungen befreit. Vom gleichen Zeitpunkt ab laufen nur noch Münzen schweizerischen Gepräges um.

Die Gemeinsamkeit im Silbergeldumlauf ist bereits 1920 und 1921 gelöst worden. Als in der zweiten Hälfte des Jahres 1919 nach einer vorübergehenden Erholung der französische Franken heftig zu fallen begann, erwies es sich als vorteilhaft, bei dem seit Ende 1919 rückgängigen Silberpreise Silbermünzen französischen Gepräges nach der Schweiz einzuführen. Die silbernen 5-Franken-Stücke folgten nach. In gleicher Weise erfolgte eine Einfuhr von Silbergeld auch der übrigen Konventionsstaaten. Der Zahlungsmittelumlauf der Schweiz wurde bald derart mit Silbergeld übersättigt, daß es, da der Verkehr im Lande die Summen nicht mehr aufnehmen konnte, bei der Nationalbank zusammenströmte, wo es eine unerwünschte Belastung des Staates bildete[1].

Die auf Veranlassung der Schweiz im März 1920 einberufene Münzkonferenz beschloß daher eine Nationalisierung der Silberscheidemünzen. Die Schweiz lieferte daraufhin an Frankreich für 43 Millionen Franken Silbermünzen zurück, empfing aber als Gegenwert u. a. für 23,7 Millionen Franken silberne 5-Franken-Stücke. Da aber der Zufluß von Silbergeld, namentlich von silbernen 5-Franken-Stücken weiterhin anhielt, verbot die schweizerische Regierung im Oktober 1920 die Einfuhr fremder 5-Franken-Stücke aus Silber und ordnete Ende 1920 die Rückziehung der Silbermünzen fremden Gepräges aus dem Umlauf innerhalb von 3 Monaten an. Es wurden so für 232 Millionen Franken Silbermünzen — fast ausschließlich 5-Franken-Stücke — aus dem Verkehr gezogen.

Im November 1921 fand daraufhin eine neue Münzkonferenz in Paris statt, auf der die Frage der Repatriierung dieser aus dem Verkehr zurückgezogenen Silbermünzen geregelt wurde. Art. 14 der Konvention von 1885 sah die Möglichkeit einer Kündigung der Münzunion vor, bei der aber Italien und Belgien nur zur Zurücknahme bestimmter

[1] Die silbernen 5-Franken-Stücke waren ja bekanntlich in die 40proz. Metalldeckung der Noten einzuberechnen.

Silbermengen verpflichtet waren. Da die in der Schweiz befindlichen Bestände diese Beträge überschritten, einigte man sich schließlich auf der Konferenz dahin, daß die Silbermünzen in bestimmten Raten im Laufe der Jahre 1927 bis 1932 von den beteiligten Staaten gegen Zahlung eines Teilbetrages in Goldmünzen, des Restes in schweizerischen 5-Franken-Stücken oder Wechseln auf die Schweiz wieder übernommen würden. Die geringe Verzinsung von 1% und ab 1928 von $1^1/_2$% für die Stundung der zurückzunehmenden Beträge bietet keinen Ausgleich für die Belastung, die die Schweiz bis 1932 zu tragen hat. Gleichzeitig hat sich die Schweiz verpflichten müssen, für 69,5 Millionen Franken dieser fremden Silbermünzen in schweizerische 5-Franken-Stücke umzuprägen, deren Kontingent auf 80 Millionen Franken erhöht wurde.

Auf diese Weise hat die Schweiz jetzt eine vollkommene Nationalisierung ihres Geldwesens erreicht, so daß ihr nicht mehr, wie in den Jahren 1919 und 1920, aus der Zugehörigkeit zur lateinischen Münzunion Gefahren entstehen können. Damit kann man eine Entwicklung als abgeschlossen betrachten, die jahrzehntelang ungünstig auf den schweizerischen Geldmarkt eingewirkt hat. War es vor dem Weltkriege die Silbergelddrainage, so war es während und nach dem Kriege das übermäßige Einströmen von Silbergeld, das sich bei der Nationalbank sammelte und ihre Bewegungsfreiheit hinderte[1].

Die Außerkurssetzung der silbernen 5-Franken-Stücke fremden Gepräges führte noch zu einer besonderen Regelung zwischen dem Bunde und der Nationalbank. Der Bund übergab der Nationalbank die aus dem Verkehr gezogenen Silbermünzen mit der Verpflichtung, diese nur zum Metallwert in die Notendeckung einzurechnen; für den Unterschied zwischen dem Nenn- und dem Metallwert übernahm die Nationalbank unverzinsliche Schatzwechsel der Eidgenossenschaft in ihr Portefeuille. Dieser unverzinsliche Kredit an den Bund wird erst 1932 nach Durchführung der Pariser Beschlüsse vom November 1921 aus der Bilanz der Nationalbank verschwinden. Damit ist die Gefahr einer Silbergeldinflation und einer daraus sich ergebenden Entwertung des schweizerischen Franken auf dem Devisenmarkte gebannt und dem Schweizer Franken der Charakter einer Goldwährung gewahrt worden. Die Schweiz ist dem Beispiel Schwedens zur Wiedereinlösung der Banknoten in Gold in vollem Umfange noch nicht gefolgt, da man erst ein Vorgehen Londons in dieser Richtung abwarten will, eine Haltung, die angesichts der Bedeutung der Pfunddevise für die Schweiz und der Stellung Londons als internationaler Goldmarkt verständlich erscheint. In beschränktem Umfange gibt die Nationalbank allerdings seit 1926 Goldmünzen auch für den inneren Zahlungsverkehr ab.

[1] Vgl. auch Monatsberichte des Schweizerischen Bankvereins vom Januar 1922.

Aus diesen Ausführungen geht schon hervor, daß der schweizerische Franken gegenwärtig die Goldparität erreicht hat. Es gilt aber noch, kurz seine Kursbewegung in den Jahren 1919 bis 1924 zu skizzieren.

Die Währungen der Alliierten wiesen bei Kriegsende sämtlich ein beträchtliches Disagio auf, dagegen stand der schweizerische Franken gegenüber den Währungen anderer neutraler Länder, z. B. Spanien, Holland, Schweden, seinerseits meist ein wenig unter Pari.

Das wesentlichste Ereignis nach Friedensschluß ist das Aufhören der Verkoppelung der alliierten Währungen untereinander. Die Vereinigten Staaten führen bereits im Juni 1919 den freien Goldhandel wieder ein, der Dollar steigt, und der schweizerische Franken erleidet ihm gegenüber, infolge der großen Wareneinfuhr aus Nordamerika, bald eine Unterbewertung. Die Devise London dagegen liegt nach vorübergehender Erholung in der ersten Hälfte des Jahres 1919 wieder beträchtlich unter Parität. Seit der zweiten Hälfte des Jahres 1919 geht der französische Franken ständig zurück. 1920 ist er gegenüber der schweizerischen Währung bereits um über die Hälfte entwertet, 1924 erreicht er gerade noch den vierten Teil des Wertes des schweizerischen Franken. Der belgische Franken folgt bekanntlich der Kursentwicklung des französischen Franken. Die italienische Lira befindet sich seit Ende 1918 ebenfalls in ständigem Abstieg. Nimmt man noch die deutsche und die österreichische Valutaentwertung hinzu, so ist die Schweiz bis 1923 bzw. 1924 von sich ständig entwertenden Währungen umgeben. Erst die österreichische und die deutsche Währungsstabilisierung schaffen hier wieder bessere Verhältnisse für die Schweiz.

Interessant ist jedoch die Kursgestaltung des schweizerischen Franken im Verhältnis zu den angeführten neutralen Währungen. Der Entwicklung im Kriege entgegengesetzt sinken diese Valuten 1920 und 1921 erheblich unter Parität, während der schweizerische Franken Ende 1921 selbst dem Dollar gegenüber über Parität steigt. Im Laufe des Jahres 1922 sinkt dagegen der schweizerische Franken wieder unter Pari, um im Durchschnitt der Jahre 1923 und 1924 sich 6—7% unter Dollarparität zu halten. Erst im Oktober 1924 gelingt es ihm wieder, seinen vollen Goldwert zu erreichen. Die Kursentwicklung der holländischen und schwedischen Währung zeigt demgegenüber eine viel gleichmäßigere Erholung von ihren Tiefstandspunkten in den ersten Nachkriegsjahren. Beide Währungen erreichen vor dem schweizerischen Franken die Goldparität. Die Kursentwicklung des schweizerischen Franken mit seiner Überbewertung Ende 1921 und dem späteren Rückschlag erweist sich also als grundverschieden. Die Kursgestaltung des Pfundes ist insofern wichtig für die Schweiz, als ihr die Gegenwerte für ihre Warenausfuhr vielfach in dieser Währung zufließen und auch der Import zum großen Teil durch England vermittelt wird. Die ständige Annäherung des

Pfundes an die Goldparität seit 1923 war daher für die schweizerische Zahlungsbilanz von großer Bedeutung.

Forscht man nach den Ursachen zu dieser eigenartigen Kursbewegung des schweizerischen Franken, so wird man feststellen, daß die Kursschwankungen letzten Endes durch die internationalen Kapitalbewegungen bedingt waren. Diese sind nämlich das ausschlaggebende Moment bei der Gestaltung der schweizerischen Zahlungsbilanz gewesen. Die Zahlen der schweizerischen Handelsbilanz ergeben folgendes Bild (in Millionen Franken):

	1919	1920	1921	1922	1923	1924	1925	1926
Einfuhr . . .	3533	4243	2296	1914	2244	2503	2633	2414
Ausfuhr . .	3298	3277	1764	1689	1716	2005	2038	1836
Passivsaldo .	—235	—966	—532	—225	—528	—498	—595	—578

Trotz der Geldentwertung stellt sich der Passivsaldo der schweizerischen Handelsbilanz nicht größer dar als im Frieden, 1919 und 1922 sogar nicht einmal halb so groß. Nur das Jahr 1920 zeigt einen großen Warenimport aus den Vereinigten Staaten, der zumeist auf Bestellungen aus dem Vorjahre zurückgeht und auch zu einer scharfen Entwertung des schweizerischen Franken gegenüber dem Dollar — einem Höchststande von 6,60 Franken für 1 Dollar im November 1920 — geführt hat. Außerdem sind für diese Jahre die Einnahmen aus der Einkommensbilanz und aus Dienstleistungen geringer anzusetzen als vor dem Weltkriege[1].

Aber gerade bei der außerordentlich geringen Passivität der Handelsbilanz im Jahre 1922 hätte an sich kein Grund zu einer Kursentwertung des schweizerischen Franken vorgelegen, wo 1921 bei einem wesentlich ungünstigeren Stande der Handelsbilanz der schweizerische Franken nach dem Tiefstand im November 1920 wieder die Goldparität erreicht hatte. Für 1923 und 1924 ist mit einer etwas günstigeren Gestaltung der Einkommensbilanz zu rechnen, vor allem aber auch wieder mit einer bedeutenden Einnahme aus dem Fremdenverkehr. Obwohl diese günstigeren Umstände an sich genügt haben dürften, den für schweizerische Verhältnisse als normal zu bezeichnenden Passivsaldo der Handelsbilanz auszugleichen, konnte sich der schweizerische Franken lange nicht erholen. Erst im Oktober 1924 vermochte er wieder den Paristand zu erreichen und seitdem mit geringen Schwankungen zu halten. Auch diese Bewegung hängt ganz augenscheinlich von der Bilanz der Kapitalübertragungen ab. Die folgende Untersuchung der Zu- und Abflüsse der Kapitalien auf dem schweizerischen Geld- und Kapital-

[1] Vgl. auch hierüber die verschiedentlich vom schweizerischen Bankverein in seinen Monatsberichten angestellten Ermittlungen.

markt wird die Behauptung einer Abhängigkeit der Kursgestaltung des schweizerischen Franken von den internationalen Kapitalbewegungen bestätigen.

Hierbei darf man nicht an eine gegenseitige Abhängigkeit der Märkte denken, wie sie vor dem Weltkriege bestand. Seit Kriegsausbruch waren die einzelnen Märkte vollkommen isoliert. Es hieß seitdem für die Notenbanken nicht mehr, in erster Linie Diskontpolitik, sondern Devisenpolitik treiben. Erst die Annäherung mehrerer Länder an den Goldstandard hat der Diskontpolitik eine Bedeutung zurückgewonnen, die sich der früheren allmählich wieder nähert. Zuerst sind die Wirkungen des Diskonts wieder an den Beziehungen zwischen dem Londoner und dem New Yorker Geldmarkt zu beobachten. Seit 1924 sind ähnliche Wirkungen auch auf dem schweizerischen Geldmarkte wahrzunehmen. wenn auch der geringere Umfang des Marktes diese Tendenzen der Beeinflussung der Geldbewegung durch die Zinsarbitrage zunächst nicht ganz so deutlich werden ließ.

b) Auf dem Geldmarkte. Bevor eine solche Wiederherstellung der gegenseitigen Marktbeziehungen aber möglich werden konnte, bedurfte es erst einer gründlichen Umgestaltung des Geldmarktes, der Ende 1918 mit zahlreichen öffentlichen Krediten durchsetzt war. Die sogenannten Valutakredite verschwanden früher als die Reskriptionen des Bundes und der sonstigen öffentlichen Körperschaften, wenn sich auch die Schweiz mehrfach zu Prolongationen dieser Valutakredite hat verstehen müssen, da deren Rückzahlung infolge der wachsenden Entwertung der fremden Devisen für die Schuldner meist mit Schwierigkeiten verbunden war. Zwar sind der Schweiz hierdurch keine Verluste entstanden, aber die Kredite wurden zum größten Teil erst nach dem Umschwung in der Weltkonjunktur zurückgezahlt und vermehrten dann in den Jahren 1921 und 1922 den Geldüberfluß in der Schweiz in sehr unangenehmer Weise. Nur die Abwicklung der wichtigsten Valutakredite — der seitens der Kohlenzentrale und der Finanzgesellschaft gewährten — sei kurz geschildert.

Seit dem Waffenstillstande im November 1918 hörten die deutschen Kohlenlieferungen infolge der inneren Wirren auf. Damit fiel auch eine Gewährung von neuen Krediten fort. Vertragsgemäß sollte die Kreditrückzahlung ab 31. X. 1920 geschehen. Ein Posten von rund 22 Millionen Franken wurde bereits vor Fälligkeit zurückbezahlt, der Rest wurde 1920 auf ein weiteres Jahr gestundet und die Monatsraten auf die Hälfte herabgesetzt. Nachdem bereits im Laufe des Jahres 1921 die 63,7 Millionen Franken Vorzugsaktien zurückgezahlt werden konnten, erfolgte die endgültige Abwicklung dieses Kredits bis zum August 1922 sogar noch mit einem geringen Gewinn für die Aktionäre[1].

[1] Allizé, F.: L'organisation des banques en Suisse. S. 203.

Die Schweizerische Finanzgesellschaft in Luzern beschloß im Februar 1921 ihre Auflösung, nachdem sie für insgesamt 254,5 Millionen Franken Kredite gewährt hatte. Die an England gewährten Kredite waren bereits Mitte des Jahres 1920 vollständig zurückbezahlt worden, da England in der Lage war, sich im eigenen Lande billigeres Geld zu verschaffen. England ist auch das einzige Land gewesen, das die Rückzahlung mit einem Kursgewinn vornehmen konnte, da sich der Pfundkurs seit 1918 bereits wieder gebessert hatte. Die Rückzahlung der an Frankreich gewährten Kredite erfolgte dagegen erst in der zweiten Hälfte des Jahres 1921. Im März 1921 wurde sogar an Frankreich noch ein Zusatzkredit von 30 Millionen schweizerischen Franken gegeben, der aber von Frankreich nur in Anspruch genommen werden durfte, wenn ihm zur Abdeckung seiner Verpflichtungen keine anderen Zahlungsmittel in der Schweiz zur Verfügung standen. Man wollte mit dieser Klausel verhüten, daß Frankreich etwa den Kredit zur Stützung seines Wechselkurses verwandte und damit durch Arbitrageoperationen die Haltung des schweizerischen Franken gefährdete. Gleichzeitig wurden bei dem ursprünglichen Kredit die Handelswechsel durch französische Schatzwechsel mit dreimonatiger Laufzeit ersetzt. Die als Sicherheit hinterlegten französischen Obligationen wurden durch schweizerische Titel ersetzt.

Die Rückzahlung des Kredits erfolgte zum großen Teil durch Übernahme dieser Wertpapiere. Teils wurden die Bundesobligationen von der schweizerischen Regierung selbst zum Tageskurs übernommen, teils wurden die Papiere auch freihändig zu den damaligen Kursen von 50—60% verkauft. Auch die Liquidation der Finanzgesellschaft entwickelte sich günstig für die Schweiz, während Frankreich einmal durch die Entwertung des französischen Franken[1] und dann durch den Verkauf der Obligationen zur Zeit der schärfsten Anspannung des Kapitalmarktes zu den dadurch verursachten tiefsten Kursen große Verluste erlitt[2].

In diesem Zusammenhange ist noch ein in der Nachkriegszeit an Belgien gewährter kleinerer Kredit zu verzeichnen. Wie bereits erwähnt, hörten mit dem November 1918 die deutschen Kohlenlieferungen auf. An Deutschlands Stelle traten Belgien, England und bis 1920 auch Amerika. Für diese Kohlenlieferungen gewährte die Finanzgesellschaft Belgien einen Kredit bis zu 35 Millionen Franken für $1^1/_2$ Jahre. Dies ist der einzige Kredit, für den keine besonderen Sicherheiten in Form von Wertpapierdepots gestellt zu werden brauchten, da die Wechsel von

---

[1] An sich Scheinverluste für Frankreich; da aber die innere Kaufkraft nicht in gleichem Umfange gesunken war, so wirkte sich die Rückzahlung der Devisenschulden auf dem inneren französischen Markt doch als tatsächlicher Verlust aus.

[2] Allizé, F.: a. a. O. S. 210.

der belgischen Nationalbank namens eines Konsortiums, das fast alle belgischen Banken umfaßte, akzeptiert wurden. Der Kredit wurde nur zur Hälfte in Anspruch genommen und fristgemäß zurückgezahlt.

Schließlich ist hier noch die Diskontierung eines Teiles der Reparationswechsel zu erwähnen, die Deutschland für die Stundung seiner Zahlungsverpflichtungen 1922 an Belgien ausstellen mußte. Diese Wechsel, deren Laufzeit 6 Monate betrug, waren von Belgien in England und Holland vergeblich zum Diskont angeboten worden; Amerika verlangte 6—7% Zinsen, während ein Konsortium schweizerischer Banken sich bereit erklärte, die Wechsel, für die die belgische Regierung die Garantie übernahm, zu einem Satze von $4^1/_2$% zu diskontieren[1].

Mit dem Jahre 1922 ist die Ära dieser Valutakredite beendet. Inzwischen hatte die Weltwirtschaft wieder ein anderes Aussehen gewonnen und die zwischenstaatliche Regelung der Handelsbeziehungen wurde beseitigt. Der Gesichtspunkt der Versorgung des Landes stand nicht mehr im Vordergrund, sondern der Produzent mußte wieder für seinen Absatz sorgen. Die Tätigkeit der übrigen unter staatlicher Mitwirkung geschaffenen Organisationen hat weniger Einwirkungen auf die Gestaltung des internationalen Geldmarktes gehabt, zur Verdrängung der privaten Remboursakzepte haben sie gleichwohl beigetragen; wichtiger ist die durch sie verursachte Belastung des öffentlichen Haushaltes, auf die an der gegebenen Stelle noch zurückzukommen ist. Der Abbau dieser Organisationen erfolgte verhältnismäßig spät, das Eidgenössische Ernährungsamt verschwand erst 1922.

Man kann also erst geraume Zeit nach Eintritt der Weltwirtschaftskrisis im Herbst 1920 mit dem völligen Wiedereintritt freierer Handelsbeziehungen rechnen, wenn auch 1919 und besonders 1920 schon ein Wiederauffüllen der im Kriege geleerten Läger in großem Maßstabe stattfand. Im Laufe des Jahres 1919 war die Société Suisse de Surveillance économique aufgehoben worden, nachdem die Treuhandstelle in Zürich schon seit dem Waffenstillstande ihre Kontrolltätigkeit eingestellt hatte. Dadurch wurde dem Handel zwar wieder größere Freiheit eingeräumt, aber die Fesseln der Devisenschwankungen blieben bestehen. Zahlreiche Einfuhrverbote valutaschwacher Staaten hemmten die schweizerische Ausfuhr. Größere Hemmung bot aber noch die Entwicklung vieler Devisenkurse, die den schweizerischen Auslandguthaben schwerste Verluste verursacht hatten.

Die Notlage stieg so weit, daß der Bund z. B. der notleidenden schweizerischen Uhrenindustrie Zuschüsse für den Export nach valutaschwachen Ländern gewährte. Der freie Handel hatte also noch mit vielerlei Schwierigkeiten zu kämpfen. Zur Zahlungsabwicklung im Handelsverkehr bediente man sich daher noch nicht wieder allgemein der

[1] Allizé, F.: a. a. O. S. 237.

früheren Formen. Das langsichtige Bankakzept fand erst allmählich wieder Eingang. Auch die Bedeutung der einzelnen Devisen für die Schweiz hatte sich wesentlich geändert. Vor allem trat der Dollar, wie überall, auch für die wirtschaftlichen Beziehungen der Schweiz in den Vordergrund. Erst seitdem das Pfund sich wieder dem Goldwerte näherte, gewann es seine frühere Bedeutung für den schweizerischen Export zurück. Ein Anhaltspunkt für die Vorherrschaft der einzelnen Devisen auf dem schweizerischen Geldmarkte bietet in etwa die Zusammensetzung des Auslandwechsel-Portefeuilles der Schweizerischen Nationalbank.

Beherrschend für die Entwicklung der internationalen Beziehungen des Geldmarktes waren nun aber nicht die aus dem Warenhandelsgeschäft sich ergebenden Transaktionen, höchstens die Dollarhausse des Jahres 1920 ist hierauf zurückzuführen. Ein viel größeres Gewicht besitzt der eigentliche Kapitalexport und umgekehrt die Unterbringung fremder Gelder in der Schweiz. Erst diese Bewegungen bringen die Unruhe in die Marktbeziehungen, wie sie sich aus dem natürlichen Ablauf des regulären Handelsgeschäftes nie ergeben hätte.

Hier ist es sehr schwer, einigermaßen zutreffende Zahlen anzugeben. Bei der Rückzahlung der Valutakredite hat es sich um Gelder schweizerischen Ursprungs gehandelt, die wieder aus dem Ausland zurückkehrten. Infolge des offiziellen Charakters dieser Kredite ließen sich Zeit und Umfang genau feststellen. Dagegen ist man bei dem gleichzeitigen Einströmen ausländischer Gelder in die Schweiz auf Schätzungen angewiesen.

Weniger wohl aus Gründen der Steuerflucht, mehr aber um sich den katastrophalen Folgen des Valutasturzes zu entziehen, wanderten in den Nachkriegsjahren beträchtliche Kapitalien aus Deutschland ein. Gerade, da es sich meist um Gelder handelte, die die Vorschriften der Kapitalfluchtgesetzgebung umgehen mußten, also auf illegitimen Wegen sich ins Ausland flüchteten, sind Angaben hierüber sehr schwer zu machen.

Obwohl die meisten Gelder nach den Vereinigten Staaten, England und den Niederlanden wanderten, rechnet man mit einer Summe bis zu 500 Millionen Franken, die Deutschland bis zum Jahre 1923 nach der Schweiz überführt hat. Es ist hier allerdings zu berücksichtigen, daß es sich dabei zum guten Teil um reguläre Auslandsguthaben gehandelt haben dürfte, deren Deutschland zur Abwicklung seines Außenhandels bedurfte. Daß diese Auslandsguthaben besonders während der Inflationsperiode für den angegebenen Zweck größer als in gewöhnlichen Zeiten sein mußten, wird von ausländischer Seite vielfach, infolge mangelnder Erkenntnis der Auswirkungen der Inflation, übersehen. Sollten die Angaben von 500 Millionen Franken auch reichlich hoch erscheinen, so muß man sich des Umstandes erinnern, daß noch Jahre nach dem Ende des Krieges Geschäfte mit dem früher feindlichen Ausland von deutscher Seite über neutrale Staaten getätigt wurden, und daß in letzteren bei den Banken auch Guthaben in der Währung jener ehemals feindlichen Länder unterhalten wurden.

Wirklich bemerkbar machten sich diese Gelder erst im Jahre 1922, einmal wegen der zunehmenden Flüssigkeit des Geldmarktes, dann auch infolge des wachsenden Einströmens, das sich mit fortschreitender Inflation verstärkte. Während des passiven Widerstandes im Jahre 1923 scheint der Zufluß nicht mehr allzu bedeutend gewesen zu sein, jedenfalls eine Folge der sich ständig verschlechternden Wirtschaftslage in Deutschland. Nach Durchführung der Währungsstabilisierung sind die deutschen Bankguthaben aus der Schweiz zum großen Teil verschwunden. Teilweise mag schon im Laufe des Jahres 1923 der Kapitalmangel zur Zurückziehung von Auslandsguthaben nach Deutschland gezwungen haben. An der Kapitalflucht nach der Schweiz war nicht allein Deutschland beteiligt; in geringerem Umfange sind auch österreichische und italienische Kapitalien ausgewandert.

Besonders ist aber noch in dieser Hinsicht Frankreich zu erwähnen. Hier setzt jedoch die Bewegung erst später ein. In verstärktem Maße dürfte die Überführung französischer Bankguthaben in die Schweiz erst für die Jahre 1923 und 1924 anzunehmen sein. Der französische Kapitalist und Sparer glaubte viel länger an die Zukunft des französischen Franken, was ja aus dem geringeren Grade der Inflation gegenüber den Mittelmächten und aus der gesamten französischen „Sieger“-Psychologie heraus leicht erklärlich ist. Der Schwerpunkt der französischen Kapitalflucht liegt daher erst in den Jahren 1925 und 1926.

Eine Überführung amerikanischer Guthaben in die Schweiz ist erst verhältnismäßig spät anzunehmen, doch darf man diese Beträge keineswegs überschätzen. Vielfach sind es auch Kapitalien von ursprünglich schweizerischer Herkunft gewesen, die nach Herbeiführung sicherer Verhältnisse wieder in das Mutterland hereinströmten. Erst die Depression des Jahres 1924 in den Vereinigten Staaten mit ihren abnorm niedrigen Zinssätzen führte amerikanisches Kapital in erheblicheren Beträgen nach Europa. Wenn auch der größte Teil in London blieb, wandte sich ein Teil dieser Gelder auch nach der Schweiz, doch meist nicht, um hier Anlage zu finden. Gerade bei diesen Geldern dienten die schweizerischen Banken sehr häufig nur als Vermittler, die, dank ihrer besseren Kenntnis der Verhältnisse, sie mit hohem Zinsfuß in die kapitalschwachen Länder Europas weiterleiteten. Jedenfalls haben aber diese amerikanischen Gelder es dem Schweizer Franken wesentlich erleichtert, im Oktober 1924 wieder die Goldparität zu erreichen.

Die Beurteilung der gesamten Kapitaleinfuhr aus dem Ausland hat sich in der Schweiz sehr gewandelt. Anfangs verkannte man die Gefahren dieses Imports für die Währung, da man die Kurzfristigkeit dieser Gelder nicht richtig einschätzte[1]. Man stand noch zu sehr unter dem Eindruck der Geld- und Kapitalknappheit der beiden ersten Nachkriegsjahre. Die Höhe des Zinsfußes empfand man als sehr lästig und begrüßte daher jede Ermäßigung desselben mit Freuden. Unstreitig trug nun das Hereinströmen der ausländischen Gelder wesentlich zur Geldfülle der Jahre 1921 und 1922 und zur Senkung des Zinsniveaus bei.

Erst als die Gelder auf dem schweizerischen Markte keine Verwendung fanden, den Privatdiskont auf $1-1^1/_2\%$ herabdrückten, und infolgedessen das Kapital wieder in einer die Währung gefährdenden Weise abzufließen begann, wurde man auf die Gefahren, die diese Auslandsgelder mit sich brachten, aufmerksam. Man erkannte mehr die Unsicherheit, die dadurch in den Markt kam; denn diese Guthaben waren nicht allein mit dem Mittel der Zinspolitik zu halten oder abzustoßen. Die wirtschaftlichen Bedürfnisse des Auslandes selbst und die Lage der Devisenkurse waren von viel beherrschenderem Einfluß auf diese, aus den Inflationsländern stammenden Gelder. Deshalb konnte man die Beträge nur ganz kurzfristig anlegen und mußte ständig mit ihrer Zurückziehung rechnen, der man nicht mit einer entsprechenden Diskontpolitik begegnen konnte.

Erst in allerjüngster Zeit beginnt die Herrschaft der Diskontpolitik über den Geldmarkt sich wieder zu festigen. Soweit die Gelder aus Ländern mit noch nicht gesicherter Valuta stammen — es dürften hier für die Jahre seit 1924 namentlich französische Guthaben in der Schweiz in Frage kommen —, tritt diese Bedeutung des Zinses zurück. Sie tritt jedoch schon mehr in den Vordergrund, sobald die Summen aus Ländern mit gesicherter Valuta herrühren. Doch dürfte auch für diese letzteren immerhin der schweizerische Privatdiskontsatz und die Verzinsung der Kontokorrentguthaben bei den Banken von geringerer Bedeutung sein als die Zustände auf den Geldmärkten der kapitalarmen Länder Europas, da die Schweiz für solche Kapitalien in erster Linie nur als Durchgangs- und Vermittlungsstelle zu betrachten ist.

Mit dieser letzteren Feststellung haben wir schon die Frage der Verwendung schweizerischen Kapitals auf den ausländischen Geldmärkten gestreift. Denn es handelt sich natürlich bei den von der Schweiz im Ausland ausgeliehenen Geldern nicht allein um solche fremder Herkunft, auch schweizerisches Kapital selbst arbeitet im Auslande. Während die Valutakredite abgewickelt wurden, liefen daneben noch Auslandskredite, die eines offiziellen Charakters entbehrten, wenn die schweizerischen

[1] Schweizerische Blätter für Handel und Industrie Jg. 1922, S. 51ff.

Banken auch nicht ohne Fühlungnahme mit der schweizerischen Regierung handelten.

Hatte die Nationalbank während des Weltkrieges wiederholt vor dem Kapitalexport gewarnt, so glaubte sie im Verein mit der Regierung auch in den ersten Nachkriegsjahren an dieser Politik im Hinblick auf die Anspannung auf dem heimischen Geld- und Kapitalmarkt festhalten zu müssen. Als jedoch nach dem Eintritt der Weltkrisis die Verhältnisse auf dem schweizerischen Geldmarkte sich von Grund auf änderten, glaubten die Banken, da eine lohnende kurzfristige Verwendung der Gelder im Jahre 1922 in der Schweiz selbst nicht mehr möglich war, mit der Gewährung von Auslandskrediten freier vorgehen zu dürfen und einen Teil ihrer Gelder auch in Ländern mit gesunder Währung in kursgesicherten Reports und sonstigen Vorschüssen anlegen zu müssen, ohne daß, wie bisher bei jeder Kreditgewährung, an das Ausland die Frage nach dem unmittelbaren wirtschaftlichen Nutzen für die Gesamtschweiz in den Vordergrund gestellt würde.

Kennzeichnend für die schweizerischen Verhältnisse ist es, daß die Erörterung über die Zweckmäßigkeit eines solchen Vorgehens nicht auf die wirklich sachverständigen Kreise beschränkt blieb, sondern daß diese Frage von den politischen Parteien ausgeschlachtet wurde. Daher berief das Eidgenössische Finanzdepartement im Juli 1922 eine Konferenz der beteiligten Bankkreise mit der Absicht, den Banken eine Einschränkung des Kapitalexports nahezulegen. Die Banken mußten sich energisch gegen die Ansicht verteidigen, daß der Kapitalexport den heimischen Zinssatz in die Höhe treibe. Sie wiesen mit Recht auf die außerordentliche Flüssigkeit des Geldmarktes hin, die eine Folge der wirtschaftlichen Depression sei und durch die mangelnde Anlagemöglichkeit verursacht werde, während auf den ausländischen Märkten nicht dieselbe große Spannung zwischen den Sätzen des Geld- und des Kapitalmarktes vorhanden sei. Das Bestehen rentabler Auslandanlagen sei für die schweizerische Volkswirtschaft nur nützlich.

Handelte es sich bis jetzt um eine zielbewußte Politik der Banken, nicht im Inland mehr unterzubringende Gelder zweckentsprechend im Ausland anzulegen, so entwickelte sich in der zweiten Hälfte des Jahres 1922 aus politischen Gründen heraus der Kapitalexport mehr zu einer Kapitalflucht, jedenfalls aber zu einer Bewegung, die nicht mehr von den Banken beherrscht wurde, sondern durchaus auf die Initiative der Kapitalisten zurückzuführen war, die ihr Vermögen in der Schweiz durch das von den Sozialisten beantragte Volksbegehren auf Erhebung einer einmaligen Vermögensabgabe bedroht glaubten.

Die Vermögensabgabe sollte nach dem Entwurf der sozialistischen Antragsteller 10% des Vermögens der Aktiengesellschaften umfassen, bei Privatpersonen aber unter Freilassung einer gewissen Mindestsumme staffelweise bis zu einer Höhe von 60% ansteigen. Am 3. XII. 1922 wurde zwar der Antrag durch Volksentscheid mit über 700 000 Stimmen gegen rund 110 000 abgelehnt. Da man aber nicht mit dieser überwältigenden Mehrheit gerechnet hatte, aus gewissen politischen Gründen sogar schon eine Annahme befürchtet hatte, suchten viele Kapitalisten noch vorher ihr Geld im Ausland in Sicherheit zu bringen.

Auf diese Weise gingen vor allem bedeutende Summen nach den Vereinigten Staaten, ein Teil auch nach England. Wenn auch ausländische Guthaben mit dieser Bewegung den Anfang machten, so folgten doch bald schweizerische Kapitalien nach. Das Ergebnis war ein rasches Anziehen der Zinssätze auf dem Geldmarkt, besonders aber auch eine Versteifung auf dem Kapitalmarkt. Die lebhafte Nachfrage nach Dollars führte zu einer empfindlichen Senkung des Frankenkurses. Diese Kurssenkung brachte die Bewegung natürlich erst recht ins Rollen, da man nunmehr auch einer bevorstehenden Inflation, die die gleichzeitig erfolgende Steigerung des Notenumlaufs nur noch wahrscheinlicher machte, entgehen zu müssen glaubte.

Eine Rückwanderung dieser Gelder beginnt sich schon im Laufe des Jahres 1923 anzubahnen, als die Wirtschaftslage der Schweiz allmählich wieder anfängt, sich zu bessern, und als ein vermehrter Bedarf an Betriebsmitteln eintritt. 1924 setzt sich dieser Rückfluß in verstärktem Maße fort und zieht auch amerikanische Gelder nach der Schweiz herüber. Nach dieser Episode unfreiwilligen Kapitalexports beginnt man aber wieder in der Schweiz, wie oben schon angedeutet, eine zielbewußte Kreditgewährung an das Ausland zu betreiben. Soweit hier kurzfristige Anlagen in Betracht kommen, suchen die Banken vorzugsweise industrielle Kredite an die jungen, wirtschaftlich aufstrebenden Staaten Europas zu geben. Neben den Balkanstaaten kommen hier besonders Polen, die Tschechoslowakei und die westlichen Randstaaten Rußlands in Betracht. Das schweizerische Interesse am deutschen Geldmarkt dürfte unmittelbar nach der Währungsstabilisierung nicht allzu hoch zu veranschlagen sein, wenn sich auch die führenden schweizerischen Großbanken an den internationalen Bankgründungen in Amsterdam beteiligt haben. Die Verluste infolge des Währungszerfalls haben hier ganz augenscheinlich abschreckend gewirkt. Auch hat die Schweiz bei der Kreditgewährung an industrielle Unternehmungen in Deutschland, im Gegensatz zu ihrer sonstigen geschickten Kreditpolitik, mehrfach eine recht unglückliche Hand gehabt, man denke nur an den Becker- und Sichelkonzern. Erst die Jahre 1925 und 1926 brachten hier eine größere Beteiligung, hauptsächlich auch durch Diskontierung erstklassiger deutscher Wechsel, bei dem damaligen hohen Privatdiskontsatz in Deutschland ein recht ertragreiches Geschäft für die schweizerischen Banken.

c) Auf dem Kapitalmarkt. Ähnlich wie die internationalen Geldmarktbewegungen verlaufen die Kapitalmarktbewegungen. Der Rückzahlung der Valutakredite entsprach auf letzterem der Rückfluß schweizerischer Werte aus dem Ausland. Er setzte in der zweiten Hälfte des Jahres 1919 mit dem Fallen des französischen Franken mit erneuter Heftigkeit ein, nachdem er seit 1918 eine gewisse Unterbrechung erfahren hatte. Größere Beträge schweizerischer Werte befanden sich eigentlich nur noch in Frankreich, das sich seines Besitzes nunmehr fast restlos entledigte. Der Hauptteil dieser Bewegung entfällt auf das Jahr 1920. Im Jahre 1921 ließ der Rückfluß bereits erheblich nach, weil die im Ausland befindlichen Bestände ziemlich erschöpft waren. Von den bis zum Weltkriege im Ausland befindlichen schweizerischen Wertpapieren, deren Gesamtbetrag auf etwa $1^1/_2$ Milliarden Franken geschätzt wurde, dürften seitdem für mindestens 1 Milliarde Franken Effekten wieder in die Schweiz zurückgewandert sein.

Die Neuaufnahme von langfristigen Schulden im Auslande durch die Schweiz ist diesen Summen gegenüber nicht so beträchtlich. Von der in den letzten Jahrzehnten befolgten Politik, die niedrig verzinslichen Staatsanleihen im Auslande unterzubringen und die eigenen Kapitalien in besser rentierenden Anlagen, besonders in industriellen Unternehmungen zu investieren, kann keine Rede mehr sein. Zwar hat der Bund im Jahre 1919 eine $5^1/_2$ proz. Anleihe von 30 Millionen Dollar zu 93% und 1920 sogar eine 8proz. Anleihe von 25 Millionen Dollar zu 94% bei amerikanischen Banken untergebracht. Die Veranlassung hierzu war aber die scharfe Anspannung auf dem heimischen Kapitalmarkte, der besonders infolge der großen Ansprüche des Staates und der übrigen öffentlichen Verbände sehr erschöpft war. Ebenfalls im Jahre 1920 nahmen die Städte Zürich und Bern in Amerika 8proz. Anleihen zu recht drückenden Bedingungen auf. Diese Anleihen zeigten sämtlich die Tendenz, schon nach recht kurzer Zeit in die Schweiz zurückzuwandern. Dann tritt die Schweiz erst 1923 mit der Aufnahme einer kurzfristigen 5proz. Anleihe in Höhe von 20 Millionen Dollar wieder ans Ausland heran und zwar gleichfalls an die Vereinigten Staaten. Schließlich nahm die Schweiz noch im April 1924 eine $5^1/_2$proz. Anleihe in Höhe von 30 Millionen Dollar auf; beide Anleihen dienten namentlich zur Finanzierung von Getreidekäufen und sollten gleichzeitig den Devisenmarkt entlasten.

Die günstige Wirkung namentlich der letzten Anleihe zeigt die Hebung des Frankenkurses im Jahre 1924. Sie beweist, daß die Angriffe gegen die schweizerische Regierung, die in der Schweiz vielfach wegen dieser Verschuldung ans Ausland erhoben worden sind, zu Unrecht erfolgt sind. Diese Kurssteigerung des Schweizer Franken ermöglichte seitdem auch den Rückkauf zur Vorbereitung der Tilgung der früheren Dollaranleihen des Bundes und der Städte, die seinerzeit bei einem

Disagio des Schweizer Franken von 10 und mehr Prozent ausgegeben waren. Die hierbei erzielten Kursgewinne trugen wesentlich dazu bei, die effektive Zinslast zu vermindern. Der Vollständigkeit halber sei noch die im März 1925 erfolgte Unterbringung der 5proz. sechsten Elektrifikationsanleihe der schweizerischen Bundesbahnen im Betrage von 50 Millionen Schweizer Franken in Holland erwähnt. Seitdem hat die Anleiheaufnahme im Auslande aufgehört.

Zieht man die außerordentlich weitgehende Beanspruchung des heimischen Kapitalmarktes durch den öffentlichen Kredit zum Vergleiche heran, so ist die Neuverschuldung der Schweiz an das Ausland als gering zu bezeichnen, besonders da ein erheblicher Teil der im Ausland emittierten Beträge wieder nach der Schweiz zurückgekehrt bzw. systematisch wieder abgelöst ist. Die Gesamtverschuldung der Schweiz an das Ausland dürfte für 1925 mit 1 Milliarde Franken wohl keinesfalls zu hoch angenommen sein.

Das Einströmen ausländischen Kapitals hat sich dagegen überwiegend auf dem Geldmarkt abgespielt. Soweit es in Effektenform in die Schweiz abgewandert ist, übte es zunächst auf den schweizerischen Kapitalmarkt kaum Einfluß aus. Erst allmählich geht bekanntermaßen die Umwandlung solcher Effektendepots, die von den schweizerischen Banken schon vor dem Weltkriege in großem Umfange verwaltet wurden, in Werte des Aufnahmelandes vor sich, da durch das Ausscheiden verloster Stücke oder durch Verkäufe Neuanlagen nötig werden, die dann vielfach den Vorschlägen der Banken gemäß vorgenommen werden.

Noch deutlicher als bei der Tätigkeit der Banken kommt dagegen die vermittelnde Stellung der Schweiz in den vielen kleinen Trustgesellschaften zum Ausdruck, die in den Nachkriegsjahren gegründet worden sind. Es handelt sich hier um Holdinggesellschaften oft kleinsten Umfangs, die mitunter nur zur Verwaltung des Vermögens einzelner Privatpersonen gegründet worden sind. Die meisten dieser Gesellschaften haben ein Interesse daran, daß ihre Tätigkeit sich möglichst abseits der Öffentlichkeit vollzieht. Soweit diese Gesellschaften von Ausländern — teils Privatpersonen, teils Unternehmungen — geschaffen worden sind, befassen sie sich auch überwiegend mit der Bewirtschaftung ausländischen Besitzes. 1923 wurden in der Schweiz 68, 1925 allein in Genf 134 Holdinggesellschaften gegründet[1]. Ist die Zahl von 1923 hauptsächlich auf die deutsche Kapitalflucht zurückzuführen, so zeigt die letztgenannte Zahl die Bedeutung der französischen Kapitalinvasion für die Schweiz.

Am meisten in die Augen fallend ist aber auf dem Kapitalmarkt das völlige Aufhören des unmittelbaren schweizerischen Kapitalexports in den ersten Nachkriegsjahren. Denn erst im Jahre 1922, als die Flüssig-

[1] Magazin der Wirtschaft Jg. 1926, S. 1213.

keit am Geldmarkte den Höhepunkt erreichte und vorübergehend eine Entspannung auch auf dem Kapitalmarkte verursachte, gelangten ausländische Anleihen in nennenswerten Beträgen in der Schweiz zur Emission. Es handelt sich um eine 6proz. Amsterdamer Stadtanleihe und eine 6proz. Schweizer-Franken-Anleihe der Paris-Orleans-Eisenbahngesellschaft. Diese Ansätze wurden aber bald durch die infolge des Vermögensabgabeantrages einsetzende Kapitalflucht unterbunden.

Erst die Beteiligung der Schweiz an den Wiederaufbauanleihen des Völkerbundes für Österreich und für Ungarn ist wieder als der erneute Beginn systematischen Kapitalexports zu betrachten. Es ist aber dazu noch zu bemerken, daß die ungarische Wiederaufbauanleihe in der Schweiz sehr schwer unterzubringen war und die Banken lange auf ihren Konsortialbeständen sitzengeblieben sind. Die Beteiligung der Schweiz an der deutschen Reparationsanleihe, die nach dem Dawesplan im Oktober und November 1924 zur Zeichnung aufgelegt wurde, war dagegen recht lebhaft, obwohl anfänglich Proteste dahingehend laut wurden, daß die Übernahme der der Schweiz zugeteilten Abschnitte in Höhe von 15 Millionen Schweizer Franken und 2,36 Millionen Pfund eine zu große Belastung für den Kapitalmarkt bedeute.

Daneben ist der Ankauf bereits im Ausland ausgegebener Effekten durch Vermittlung der Banken in seiner Bedeutung für die Kapitalausfuhr auch nicht zu vergessen. Doch sind die in Frage kommenden Summen keinesfalls mit der Vorkriegszeit zu vergleichen. Die Abnahme der internationalen Interessen erhellt auch aus dem Rückgang der an den schweizerischen Börsen notierten Werte gegenüber der Vorkriegszeit. Freilich ist dieser Rückgang zum Teil auch darauf zurückzuführen, daß die ausländischen Schuldner die Kotierungsgebühren der Börsen einfach nicht mehr bezahlen konnten. Andererseits sind aber auch tatsächlich manche ausländische Effekten aus der Schweiz abgewandert; neben durch den Währungszerfall entwerteten Anleihen seien hier z. B. die Aktien italienischer und elsässischer Banken angeführt, die zum größten Teil in ihre Heimatländer zurückgekehrt sind.

Die Währungsverhältnisse der Nachkriegsjahre beeinflußten den schweizerischen Kapitalexport in bezug auf Richtung und Ausmaß ganz erheblich. Wie schon bei der Besprechung des internationalen Geldmarktes angedeutet, ging er hauptsächlich einmal nach den valutastarken Ländern und dann nach den neuen Staatengebilden in Europa. Von 1925 an, besonders jedoch im Jahre 1926, ist ein wesentliches Wiederaufleben des Kapitalexportes festzustellen, verursacht vor allem auch durch die geringe Beanspruchung des Marktes durch die heimische Wirtschaft und die öffentliche Hand. Neben Deutschland ist neuerdings der französische und belgische Markt das Ziel der Kapitalausfuhr. Belgien sowohl für seine Stabilisierungsanleihe wie auch Frankreich für seine Bahnanleihen mußten dabei eine Effektivverzinsung von $7^1/_2$% gewähren. Welche Verschiebung der wirtschaftlichen Verhältnisse darin zum Ausdruck kommt, macht man sich erst dann recht klar, wenn man sich an die Unterbringung der $3^1/_2$proz. 1898er schweizerischen Bundesbahnanleihe in Frankreich erinnert.

Durch die Valutazerrüttung vieler europäischer Staaten haben auch die alten Kapitalanlagen der Schweiz im Auslande stark abgenommen. Während die allerdings nicht erheblichen Kapitalanlagen in Rußland völlig abgeschrieben werden mußten, haben die Anlagen in Mitteleuropa sehr schwere Einbußen erlitten. Auch die in Frankreich und Italien investierten Kapitalien haben teilweise kaum minder schwere Verluste gebracht.

Ein Eingehen auf Einzelheiten ist hier nicht am Platze. Nur andeutungsweise sei hingewiesen auf die Entwertung der Vorkriegshypotheken in Deutschland, auf die mannigfachen Schwierigkeiten, die durch kursgesicherte Hypotheken oder durch solche mit Valutaklauseln entstanden sind. Ähnlich liegen die Verhältnisse bei den nach Frankreich gegebenen Hypothekarkrediten, während bei den ungarischen Hypotheken die schweizerischen Gläubiger bislang mit einem vollständigen Verlust rechnen müssen. Daß teilweise auch die Hypothekenschuldner, die wirtschaftlich zur Tragung der von ihnen eingegangenen Verpflichtungen fähig waren, sich den Währungsverfall zunutze gemacht haben, hat in der Schweiz, die die gesamten Verhältnisse naturgemäß rein vom Gläubigerstandpunkt betrachtet, viel böses Blut erregt.

Entsprechend der Bedeutung der Kapitalanlagen und der hieraus sich ergebenden Verluste hat sich Deutschland als Schuldner in der Schweiz besonders mißliebig gemacht. Zu den Hypothekarkrediten kommen noch die bekannten Valutaschuldscheine einiger deutscher Städte und Kaligewerkschaften. Gerade die deutschen Städte suchten sich in einer nicht rühmlichen Art und Weise ihren Verpflichtungen aus diesen Darlehen, die in den letzten beiden Kriegsjahren mit Valutaklausel, d. h. zu einem festen Umrechnungssatze der Mark in schweizerische Franken, gegeben worden waren, zu entziehen. Erst gegen Ende 1926 haben die überaus unerfreulichen Verhandlungen zu einem befriedigenden Ergebnis über die Rückzahlung der Valutaschuldscheine der Städte geführt. Daneben hat auch die deutsche Aufwertungsgesetzgebung von 1925 zur Milderung der schweizerischen Verluste einiges beigetragen.

Neben den Verlusten aus fest verzinslichen Anlagen sind der Schweiz aber auch Verluste aus ihrem Aktienbesitz und aus ihren industriellen Beteiligungen in den Inflationsländern entstanden. Den besten Beweis hierfür liefert das Schicksal vieler Trustunternehmungen mit ausländischen Interessen.

2. Die Entwicklung der nationalen Märkte.

Eine Voraussetzung der Konsolidierung der internationalen Marktbeziehungen war auch die Umgestaltung des inneren Marktes. Sowohl der Geld- wie der Kapitalmarkt war zum Ende des Jahres 1918 beherrscht von den Ansprüchen des Staates. Die Einschränkung der Staatsbedürfnisse und die Rückkehr zu einem Finanzprogramm, das eine langsame Schuldentilgung wieder ermöglichte, kam in der Schweiz erst recht spät. Jedenfalls haben andere neutrale Staaten Europas mit gesunder Währung die Folgen des Krieges schneller überwunden.

Was die Gestaltung gerade des Geldmarktes der Schweiz in den Jahren nach dem Weltkrieg anbelangt, so machen sich hier neben dem Staatsbedarf die Einwirkungen der wirtschaftlichen Entwicklung viel krasser bemerkbar als auf dem Kapitalmarkt. Die Weltwirtschaftskrisis des Jahres 1920 läßt die brachliegenden Betriebsmittel viel eher frei werden und auf dem Geldmarkt eine anderweitige Unterkunft suchen, während das Anlagekapital länger gebunden bleibt und dafür bei Entwertung der Anlagen leichter der Vernichtung anheimfällt.

Die Zahlen der schweizerischen Bankstatistik der Jahre 1919—1925 zeigen einmal deutlich diesen Konjunkturablauf, sie zeigen aber weiter auch die Umgestaltung des Geldmarktes, eine langsame Abkehr von den durch den Weltkrieg geschaffenen Zuständen. Es ist allerdings noch keine völlige Rückkehr zu den Verhältnissen, die vor dem Weltkriege herrschten, zu verzeichnen, es scheint sich vielmehr eine Stabilisierung auf einer veränderten Grundlage anzubahnen. Bei der Betrachtung der folgenden Zahlenangaben ist stets die Verschiebung des Preisstandes zu berücksichtigen. Der Höhepunkt des Preisstandes wurde erreicht in der ersten Hälfte des Jahres 1920, von da ab senkte er sich bis 1922. Seitdem weisen die Indexzahlen sämtlicher valutastarken Länder eine gewisse Stabilität auf. Man kann von diesem Zeitpunkte ab im Durchschnitt mit einer Erhöhung der Vorkriegspreise von 60—70% rechnen. Dieses neue Preisniveau übt naturgemäß seinen Einfluß auch auf den Geldmarkt — den Wechselumlauf, die Kontokorrentumsätze usw. — aus.

a) Der Diskontkredit. Die größte Änderung der inneren Struktur infolge des Weltkrieges hatte bekanntlich der Wechselumlauf erfahren. Neben den aus den Valutakrediten herrührenden Wechseln waren besonders die Reskriptionen des Bundes und der Bundesbahnen eingedrungen, während der Handelswechsel an Bedeutung sehr zurücktrat. Erst in allerjüngster Zeit scheint sich die Entwicklung wieder etwas zu ändern. Nach der schweizerischen Bankstatistik belief sich das Wechselportefeuille der schweizerischen Banken (ohne die Nationalbank) zum Jahresende auf (in Millionen Franken):

	1919	1920	1921	1922	1923	1924	1925
Bestand	1601	1636	1487	1278	1208	1276	1336
Zu- oder Abnahme gegen das Vorjahr	+332	+35	—149	—209	—70	+68	+60

Im gleichen Zeitraum waren von der Nationalbank Reskriptionen am offenen Markt begeben in Höhe von (in Millionen Franken):

	1919	1920	1921	1922	1923
Bestand	237	279	212	34	125
Zu- oder Abnahme gegen das Vorjahr	+57	+42	—67	—178	+91

Man darf annehmen, daß sich diese Summe fast restlos in den Portefeuilles der Banken befunden hat, da als sonstige Abnehmer von einiger Bedeutung fast nur noch Versicherungsgesellschaften in Frage kämen. Freilich besteht nun nicht etwa der Rest des Portefeuilles nach Abzug obiger Reskriptionen aus reinen Handelswechseln. Gerade in den Jahren 1919 und 1920 haben die Kantone und Gemeinden sich einen großen Teil ihrer Mittel durch Ausstellung von Wechseln beschafft, da die Anspannung auf dem Kapitalmarkt die Unterbringung von festen Anleihen vielfach unmöglich machte.

Stellt man obigen Ziffern die Tratten und Akzepte der schweizerischen Banken gegenüber, so kann man leichter Rückschlüsse auf die Zusammensetzung der Wechselbestände ziehen. Die Bankakzepte beliefen sich zum Jahresende auf folgende Beträge (in Millionen Franken):

	1919	1920	1921	1922	1923	1924	1925
Bestand	338	376	228	239	292	354	400
Zu- oder Abnahme gegen das Vorjahr	+71	+38	—148	+11	+53	+62	+46

In diesen Bankakzepten darf man zum großen Teil Remboursakzepte erblicken. An dem Akzeptumlauf sind nämlich ganz überwiegend die Großbanken beteiligt, 1923 stieg ihre Beteiligung sogar auf über 75%. Gewiß sind manche Akzepte auch nur als Finanzwechsel anzusehen; aber die weitgehende Übereinstimmung mit dem Zu- und Abnehmen der Einfuhrziffern läßt die enge Verbindung der Bankakzepte mit dem Handelsgeschäft wieder deutlicher hervortreten. Man kann also sagen, daß an dem Anschwellen des Wechselbestandes im Jahre 1919 neben den Finanzwechseln der öffentlichen Körperschaften auch zu einem wesentlichen Teile der Warenhandel, besonders das Einfuhrgeschäft, mit seinen steigenden Preisen beteiligt ist.

Der Wechselbestand zeigt Ende 1920 schon ein Nachlassen der Konjunktur. Trotz der Zunahme der rediskontierten Reskriptionen um

42 Millionen Franken und der Bankakzepte um 38 Millionen Franken ist der gesamte Wechselbestand nur um 35 Millionen Franken gestiegen. Der Konjunkturrückgang und der Preisabbau zeigt sich dann 1921 voll wirksam. Auch die Nationalbank rediskontierte entsprechend dem geringeren Gesamtbestande weniger Reskriptionen auf dem offenen Markte. Aber erst 1922 kommt die außerordentliche Geldflüssigkeit recht zur Geltung. Will man die geringe Rediskontierung von Reskriptionen im Jahre 1922 verstehen, so muß man vor allem die Spanne zwischen offiziellem und privatem Diskontsatz berücksichtigen. Diese Sätze betrugen im Jahresdurchschnitt (in Prozent):

	1919	1920	1921	1922	1923	1924	1925
Offizieller Satz . .	5,32	5,00	4,44	3,39	3,47	4,00	3,90
Privatsatz	4,69	4,56	3,39	1,68	2,63	3,54	2,27
Differenz	0,63	0,44	1,05	1,71	0,84	0,46	1,63

Man sieht den außerordentlichen Tiefstand der Zinssätze im Jahre 1922. Obwohl die Nationalbank am 17. VIII. 1922 den Diskont auf 3% herabsetzt, geht ihr die Fühlung mit dem Markt völlig verloren. Um überhaupt Deckung für ihren Notenumlauf zu haben, behält sie den größten Teil der Reskriptionen im Portefeuille. Bei der ungewöhnlichen Geldfülle, die aber nur eine Folge der wirtschaftlichen Depression ist, setzt eine förmliche Jagd nach Handelswechseln von seiten der Banken ein. Infolgedessen ist man in der Auffassung des Begriffs der Privatdiskonten recht weitherzig. Im Wechselportefeuille der Banken sollen damals viel diskontierte Obligationen, sogar Sparhefte, enthalten gewesen sein[1]. So beträgt der Rückgang des gesamten Wechselbestandes nach Ausscheidung der auf dem freien Markt rediskontierten Reskriptionen nur 31 Millionen Franken.

Erst das Jahr 1923 mit seiner sich leicht belebenden Wirtschaft muß bei anziehenden Diskontsätzen eine Verbesserung des Wechselmaterials gebracht haben. Denn trotz Abnahme des Gesamtbestandes um 70 Millionen Franken haben die Bankakzepte um 53 Millionen Franken, und die am freien Markt rediskontierten Reskriptionen um 91 Millionen Franken zugenommen. Der Umlauf an Reskriptionen des Bundes und der Bundesbahnen hörte im Mai 1924 auf, nachdem es beiden gelungen war, ihre schwebenden Schulden durch Anleiheaufnahmen zu konsolidieren. Die Zunahme des Handelswechsels ist also bedeutender, als die Gesamtziffer des Wechselumlaufs erkennen läßt. Die Steigerung der umlaufenden Akzepte, deren Bestand bei den Großbanken sich Ende 1924 auf 246 Millionen Franken gegenüber 192 Millionen Franken im Vorjahr belief, deutet diese Tatsache ebenfalls an.

[1] Monatsbulletin der Schweizerischen Kreditanstalt vom März 1923.

Für den Wechselmarkt ist auch noch das Vorgehen der Nationalbank im Jahre 1924 von Wichtigkeit, die an die von ihr zu diskontierenden Wechsel einen strengeren Maßstab anlegte, also ihre Diskontpolitik durch eine gewisse Restriktionspolitik zu unterstützen suchte. Daher ist das Portefeuille der Nationalbank mit 159,2 Millionen Franken Inlandwechseln weniger mit Handelswechseln angefüllt als Ende 1923 bei einem Bestande von 257,5 Millionen Franken Inlandwechseln, von denen noch 78 Millionen Franken Reskriptionen waren.

Ende 1923 waren auf dem freien Markt 125 Millionen Franken Reskriptionen begeben, von denen sicher ein wesentlicher Teil im Potefeuille der Großbanken ruhte. Also ist trotz des Rückgangs der Handelswechsel bei der Nationalbank um 20 Millionen Franken mit einer noch erheblicheren Zunahme dieser letzteren Wechselkategorie zu rechnen, als sie in den Ziffern der Großbankbilanzen rein zahlenmäßig zum Ausdruck kommt.

Vergleicht man den Wechselbestand der Nationalbank und der Großbanken im Jahre 1913 mit dem des Jahres 1924, so läßt sich in roher Annäherung sagen, daß die Höhe des Portefeuilles sich ungefähr der Höhe des allgemeinen Preisstandes angepaßt hat. Es bleibt hier aber zu berücksichtigen, daß sich im Verlaufe dieses Zeitraumes die Großbanken einen größeren Anteil am Wechselgeschäft erworben haben. Betrug dieser 1913 noch nicht ganz die Hälfte des Wechselgeschäftes aller Banken mit Ausnahme der Nationalbank, so ist dieser Anteil seit 1921 auf zwei Drittel gewachsen. Dieser Zuwachs bei den Großbanken ist auf Kosten sämtlicher anderer Bankkategorien erfolgt. Deshalb ist der Gesamtwechselumlauf für 1924 doch noch unter Berücksichtigung des Preisstandes im Vergleich zu den letzten Vorkriegsjahren als geringer anzunehmen.

Die Jahre 1925 und 1926 weisen eine weitere Steigerung des Wechselumlaufs auf. Neben der Vermehrung des Handelswechsels ist das allerdings auch auf die erneute Ausgabe von Reskriptionen durch die Nationalbank zurückzuführen, die dazu bestimmt waren, die zur Nationalisierung der Fünffrankenstücke erforderlichen Geldmittel beschaffen zu helfen. Gleichzeitig sollte diese Maßnahme dazu dienen, den Mangel an Privatdiskonten zu beseitigen, der trotz des Auswachsens des Akzeptumlaufs unstreitig noch vorhanden ist, wenn dieser auch rein ziffernmäßig 1925 die Vorkriegshöhe wieder erreicht hat. Damit ist aber auch gesagt, daß das Akzept angesichts des verbreiterten Geldmarktes relativ noch nicht wieder die gleiche Bedeutung wie früher erlangt hat. Anscheinend ist dies auf das Zurücktreten des Finanzwechsels zugunsten des Kontokorrentkredits zurückzuführen, der sich ja auch für die Banken gewinnbringender stellt.

Eine Folge der Knappheit an guten Privatdiskonten im Verhältnis zu den vorhandenen flüssigen Mitteln ist auch der niedrige Privatsatz des Jahres 1925, der von $2^1/_2$% zu Anfang des Jahres bis auf 2% zurückging. Damit beträgt die Spanne zwischen offiziellem und Privatsatz immer noch 2%, ein Verhältnis, wie es in den übrigen Goldwährungsländern nicht mehr vorkommt. Gegen Ende des Jahres 1926 erreichte der Privatsatz vorübergehend den inzwischen auf $3^1/_2$% ermäßigten offiziellen Diskontsatz. Im Durchschnitt ist aber doch mit einem außergewöhnlich niedrigen Privatdiskont zu rechnen, ein Beweis dafür, daß sich die Verhältnisse auf dem Geldmarkt in der Schweiz noch nicht vollkommen gefestigt haben. Doch dürfte die Nationalbank, nachdem ihre Ausnutzung zur Beschaffung von Geldmitteln für den Staat aufgehört hat, nunmehr kräftig genug sein, um die schweizerische Wirtschaft vor ähnlichen Ereignissen wie im Herbst 1922 zu bewahren.

b) Der Lombard- und Reportkredit. Zur Flüssigkeit des Geldmarktes trägt die Tatsache bei, daß die Börsen des Landes immer noch nicht wieder so viel kurzfristiges Leihkapital absorbieren wie in den Jahren vor dem Weltkriege. Da inzwischen das Börsengeschäft wieder einen ganz erheblichen Umfang angenommen hat, so ist der allein zulässige Schluß der, daß die Spekulation viel mehr mit eigenen Mitteln arbeitet als früher und daß der Börse auch in vermehrtem Umfange ausländisches Kapital zugeströmt ist. Jedenfalls hat das solide Anlagekapital durch Einbußen im Inlande und im Auslande viel schwerere Verluste erlitten, als die sich schnell umstellende Spekulation. Da bekanntlich das große Publikum nie à la baisse spekuliert, wohl aber die berufsmäßigen Börsenspekulanten, deren Kreis im Weltkriege stark angewachsen war, so dürften diese wohl auch durch die Wirtschaftskrisis der Jahre 1921, 1922 weniger gelitten haben.

Die von den schweizerischen Banken gewährten Lombardvorschüsse und Reports betragen am Jahresende (in Millionen Franken):

	1919	1920	1921	1922	1923	1924	1925
Bestand	121	99	87	64	75	74	96
Zu- oder Abnahme gegen das Vorjahr	+1	—22	—12	—23	+11	—1	+22

In diesen Zahlen kommt die Wiederaufnahme des Börsentermingeschäfts im Jahre 1921 überhaupt nicht zum Ausdruck. Auch die wirtschaftliche Hochspannung der Jahre 1919 und 1920 hatte nicht zu einer vermehrten Beanspruchung des Lombardkredits geführt. Die lebhaftere Börsentätigkeit des Jahres 1923 unterbrach zuerst wieder die seit 1909 absteigende Linie; die freilich unbedeutende Zunahme des Jahres 1923 ist allein auf die Steigerung der Lombardkonten bei den Großbanken zurückzuführen.

Während die Banken in den Vorkriegsjahren 250—300 Millionen Franken Lombardvorschüsse auswiesen, ist das neue Niveau derart gering, daß ein unmittelbarer Einfluß der Börse auf den Geldmarkt des Landes kaum vorhanden ist. Die Börse hat für ihn nur noch insofern Bedeutung, als sie Tendenz und Stimmung des Marktes maßgebend beeinflussen kann. Angemerkt sei schließlich nur noch, daß in diesen Beträgen neben den Reportgeldern zum Teil auch noch das sogenannte tägliche oder Call-Geld enthalten ist, das zu einem den Privatsatz meist um ein Geringes übersteigenden Zinsfuße ausgeliehen wird.

Dagegen weisen die Lombardkredite der Schweizerischen Nationalbank gegenüber der Vorkriegszeit eine wesentliche Erhöhung auf. Zu berücksichtigen ist die seit 1918 veränderte Stellung der Lombardkonten, die eine Einbeziehung der bis zu 10 Tagen fälligen Lombardkredite in die Notendeckung der Nationalbank gestattet. Dies hat zu einer geradezu unerfreulichen Beanspruchung des Lombardkredits der Notenbank geführt. Weisen doch die Lombardkonten der Nationalbank zum Jahresende folgende Bestände auf (in Millionen Franken):

1919	1920	1921	1922	1923	1924	1925
33	37	76	62	85	71	72

Damit übertreffen Ende 1923 die Lombardbestände der Nationalbank die der gesamten übrigen Banken des Landes. Erst das Jahresende 1926 weist mit einem Bestande von 60,6 Millionen Franken einen erfreulichen Rückgang auf.

Diese erhebliche Beanspruchung der Nationalbank ist u. a. auch mit auf die Einschränkung der Lombardkredite der Darlehnskasse der Schweizerischen Eidgenossenschaft zurückzuführen, die

1918/19	5,7	Millionen Franken
1919/20	10,9	„ „
1920/21	10,4	„ „
1921/22	2,5	„ „
1922/23	27,4	„ „
1923/24	0,6	„ „

neue Kredite bewilligte. Die Steigerung im Geschäftsjahre 1922/23 geht ausschließlich auf ein Darlehen in Höhe von 25 Millionen Franken zurück, das einer schweizerischen Versicherungsgesellschaft gewährt wurde. Seit 1921 ist die Tätigkeit der Darlehnskasse für den Geldmarkt von geringer Bedeutung. Die Schweizerische Hotel-Treuhandgesellschaft, die zur Sanierung des notleidenden Hotelgewerbes gegründet war und die bei Durchführung ihrer Maßnahmen, die hauptsächlich in der Erzielung von Pfandnachlässen, Umwandlung von Zinsschulden in Grundpfandschulden usw. bestanden, auf die Mittel der Darlehnskasse zurückgreifen durfte, hat sich dieser Hilfsquelle also auch nicht in größerem Umfange bedient. Zum 30. VI. 1924 wurde laut Bundesratsbeschluß die Darlehnskasse liquidiert und der Restbestand an Darlehen in Höhe von 13,5 Millionen Franken auf das Eidgenössische Finanzdepartement übernommen. Damit verschwanden die Darlehnskassenscheine aus der Notendeckung der Nationalbank, von denen man namentlich nach Verknüpfung der Hotelsanierungsaktien mit der Darlehnskasse eine Verschlechterung der Qualität der Notendeckung der Nationalbank befürchtet hatte.

c) Der Kontokorrentkredit. Von ganz anderer Bedeutung für das gesamte Wirtschaftsleben des Landes ist hingegen auch jetzt der Kontokorrentkredit. Seine Stellung hat im Verhältnis zum Wechselkredit durch den Weltkrieg und seine Folgen gewonnen. An seiner Erhältlichkeit und seinen Kosten sind viel weitere Kreise interessiert als etwa unmittelbar am Privatdiskontsatze. Daher bieten Umfang der Kontokorrentkredite und Höhe der Zinssätze einen weit besseren Ausdruck der Wirtschaftslage als die bisher behandelten Kreditarten, die teils nur für bestimmte Kreise Interesse haben oder, wie der offizielle Diskontsatz, kein unbeeinflußtes Ergebnis der Marktlage sind. Die Zahlen der schweizerischen Bankstatistik zeigen in der Entwicklung der Kreditoren und Debitoren deutlich den Konjunkturablauf.

Es betragen die (in Millionen Franken):

	1919	1920	1921	1922	1923	1924	1925
Kontokorrentdebitoren							
Bestand	4000	4148	3718	3530	3562	3909	4020
Zu- oder Abnahme gegen das Vorjahr	+507	+148	—430	—188	+32	+347	+111
Kontokorrentkreditoren							
Bestand	3031	3123	2833	2586	2572	2690	2829
Zu- oder Abnahme gegen das Vorjahr	+195	+92	—290	—247	—14	+118	+139
Korrespondentdebitoren							
Bestand	1225	1293	1092	936	1064	1175	1312
Zu- oder Abnahme gegen das Vorjahr	+22	+67	—201	—156	+128	+111	+137
Korrespondentkreditoren sowie Scheck- und Girorechnungen							
Bestand	902	885	808	811	886	977	883
Zu- oder Abnahme gegen das Vorjahr	+203	—17	—77	+3	+75	+91	—94

Die Analyse des letzteren Postens ist besonders schwierig, da er aus recht heterogenen Bestandteilen zusammengesetzt ist, nämlich einmal aus Nostroguthaben der Banken und daneben aus Scheckguthaben von Handels- und Industriefirmen und Privaten. Während diese Art von Geldern gleichen Ursprungs ist wie die Kontokorrentkreditoren, kommt in der Ausdehnung der Korrespondentkreditoren und -debitoren vor allem das Bestreben der kleineren Banken zum Ausdruck, sich durch Halten von Guthaben bei Groß- oder Kantonalbanken eine liquide Kassenreserve zu verschaffen. Zum Teil ist es auch die vermehrte Inanspruchnahme von Kredit seitens der kleineren bei den größeren Banken, die diese Aufblähung der Ziffern verursacht hat; sie kann in den Jahren 1919 und 1920 auf die wachsenden Geldbedürfnisse und in den folgenden Jahren auf die Haltung größerer Reserven bzw. auf mangelnde anderweitige Anlagemöglichkeit zurückzuführen sein. Doch kann die Auswirkung dieser Motive nicht abgegrenzt werden, da in diesen Zahlen vor allem auch die früher geschilderten internationalen Bewegungen kurzfristiger Kapitalien sich zeigen. Es ist anzunehmen, daß hierin die Hauptursache zu der Ausweitung der Ziffern liegt.

In der Summe der Kontokorrentkreditoren und -debitoren kommt hingegen mehr die Verschiebung der Verhältnisse des heimischen Geldmarktes zur Auswirkung. Die Debitorenziffern zeigen gegenüber den Vorkriegsjahren nur die Folgen des höheren Preisstandes, wenn man mit einer gleichbleibenden Wirtschaft rechnet. Da dies jedoch nicht der Fall ist, sondern vielmehr das Wirtschaftsleben noch nicht in vollem Maße den Umfang und die Intensität der früheren Jahre eingenommen hat, kann man auch unter Berücksichtigung des Preisindex mit einer relativen Zunahme der Debitoren rechnen, denen aber ein relativ noch größeres Anwachsen der Kreditoren gegenübersteht; das Verhältnis zwischen Debitoren und Kreditoren ist also jetzt günstiger als vor dem Weltkriege. Aber immer noch sehen sich die Banken genötigt, langfristiges Sparkapital zur Befriedigung der an sie gestellten Kreditansprüche heranzuziehen, 1925 sogar schon wieder in einem höheren Grade als 1918. Die Entwicklung der langfristigen Bankkreditoren wird zweckmäßig bei der Besprechung des Kapitalmarktes betrachtet. Hier sei nur noch erwähnt, daß die Depositen der schweizerischen Banken, die meist einen Mittelcharakter zwischen lang- und kurzfristiger Anlage tragen, etwa die gleichen Zahlen aufweisen wie vor dem Kriege, also im Verhältnis sehr an Bedeutung eingebüßt haben. Erst seit 1924 zeigt sich wieder eine beträchtliche Zunahme.

Was die Kosten des Kontokorrentkredits anbelangt, so stehen diese in der Schweiz in einer gewissen Abhängigkeit vom offiziellen Diskontsatze, wenn sich auch die Spanne zwischen Soll- und Habenzinsen nach beiden Seiten hin vergrößert hat. Die nach der Periode der schärfsten Anspannung im Jahre 1922 eingetretene Abschwächung der Sollzinsen auf 5—6% hat seitdem wieder einem leichten Anziehen der Sätze Platz gemacht, so daß man die Höhe der Debetzinsen für 1925 mit 6—7% ansetzen muß, während für Guthaben nur ganz geringfügige Zinsen (bis zu $^1/_2$% herunter) vergütet werden.

Mit der Belebung der Geschäftstätigkeit gewinnen die Kontokorrentkredite auch wieder an Liquidität. Auch die Zusammensetzung der Kredite gleicht wieder mehr den früheren Verhältnissen. Die öffentlichen Körperschaften haben ihre schwebenden Schulden in zunehmendem Maße durch feste Anleihen ablösen können. Einzelne Industriezweige leiden zwar noch Not, so besonders die Stickereiindustrie und auch die Bandfabrikation. Die auf den Fremdenverkehr aufgebaute Industrie arbeitet aber in zunehmendem Maße wieder normal. Die während der Wirtschaftskrisis eingeführten staatlichen Subventionsmaßnahmen konnten zum großen Teil wieder abgebaut werden. Vor allem zeigt auch das Baugewerbe, eine der wichtigsten Schlüsselindustrien, seit 1923 eine wachsende Belebung. Alle diese Tatsachen rechtfertigen die obige Behauptung. Jedenfalls erscheinen die Verhältnisse auf dem Gebiete des Kontokorrentkredits schon weiter stabilisiert, als dies auf dem Wechselmarkte der Fall ist.

Diese Veränderung auf dem Geldmarkte hat die beherrschende Stellung der Großbanken nicht zu erschüttern vermocht, sondern eher noch verstärkt, da die mächtigsten Konkurrenten der Großbanken, die Kantonalbanken, deren eigene und fremde Mittel zusammengenommen 1923 denen der Großbanken wieder leicht überlegen waren, sich in vermehrtem Maße der Pflege des Hypothekarkredits zugewandt haben. Zwar sind die Debitoren der Kantonalbanken von 1906 bis 1923 prozentual stärker gestiegen als bei den Großbanken, aber bei den Kreditoren ist dies nicht der Fall. Die Bedeutung der Spar- und Leihkassen ist ganz besonders zurückgegangen, auch die Lokal- und Mittelbanken haben ihren Geschäftskreis nicht in gleichem Umfange ausdehnen können wie die beiden ersterwähnten Kategorien von Banken. Die Bemühungen der Hypothekenbanken, bei dem Stilliegen des Grundkreditgeschäftes die kurzfristigen Kreditgeschäfte mehr zu betreiben, hat auf den gesamten Markt nur geringen Einfluß. Auch die Privatbankiers besitzen nicht mehr die gleiche Stellung auf dem Geldmarkte wie ehedem. Manches Privatbankgeschäft ist seit 1914 von Großbanken übernommen worden. Besonders deutlich wird die verminderte Bedeutung der Privatbankiers in Genf, wo sich in den letzten Jahren verschiedene Großbanken niedergelassen haben. Dieser Umstand hat mit dazu beigetragen, die Verfassung des Genfer Platzes mehr den Verhältnissen auf den übrigen schweizerischen Geldplätzen anzugleichen. Die stärkere Stellung der schweizerischen Versicherungsgesellschaften, die das Lebensversicherungsgeschäft der deutschen Gesellschaften übernahmen — die deutschen Lebenversicherungsgesellschaften hatten infolge der Entwertung der deutschen Valuta ihr Schweizer Geschäft aufgeben müssen — hat schließlich zur Konsolidation des Geldmarktes auch beigetragen.

d) Die Beanspruchung des Kapitalmarktes durch den öffentlichen Kredit. Während auf dem Geldmarkte das zu lösende Problem mehr in der Überwindung der Schwierigkeiten lag, die das Aus- und Einströmen der Gelder über die Landesgrenzen verursachte, hing die Festigung des Kapitalmarktes in erster Linie von der Lösung der Frage ab, wie die Kreditansprüche des Staates und der öffentlichen Körperschaften abzudämmen seien. Der Währungszerfall der Nachbarstaaten brachte der Schweiz wohl einmalige Kapitalverluste, wogegen die öffentlichen Wirtschaften den Kapitalmarkt durch ständigen Kapitalverbrauch stets neu belasteten.

Die Gesamtbelastung des Kapitalmarktes durch Neuemissionen ergibt folgendes Bild (in Millionen Franken):

	1919	1920	1921	1922	1923	1924	1925	1926
Öffentliche Emissionen . .	557	534	664	744	575½	405	495	185
Private Emissionen. . . .	230	216½	128	98	117½	156	151	384
Zusammen	787	750½	792	842	693	561	646	569
÷ Konversionen.	30	115	137	176	328	184	298	268
Neubeanspruchung	757	635½	655	666	365	377	348	301
Dazu ausländische Anleihen					20	72	79	298

Interessant ist hier vor allem das Bild, das die Neubeanspruchung des Marktes nach Abzug der Konversionen gewährt. Die zahlenmäßig größte Belastung weist danach das Jahr 1919 auf. Die tatsächliche Anspannung war aber 1920 größer, da die nur wenig verminderten neuen Ansprüche auf einen bereits völlig erschöpften Markt trafen. Die Jahre 1921 und 1922 weisen sogar eine noch größere Beanspruchung auf als 1920; diese ist auf die vermehrten Anforderungen seitens der öffentlichen Wirtschaften zurückzuführen. Erst 1923 und 1924 macht sich das Bestreben nach einer durchgreifenden Sanierung der öffentlichen Finanzen in einer abnehmenden Gesamtbelastung des Kapitalmarktes geltend.

Der private Kapitalbedarf paßt sich dem Konjunkturablauf völlig an. Nach den hohen Ziffern der Jahre 1919 und 1920 stellt sich mit dem Jahre 1921 ein empfindlicher Rückgang ein, der sich 1922 fortsetzt. Erst 1924 vermag die Belebung der Wirtschaft die Stagnation des privaten Kapitalbedarfs zu beseitigen. Aber noch im Jahre 1924 tritt letzterer gegenüber dem des Bundes und der Bundesbahnen zurück. Doch gewinnt seitdem der private Kapitalbedarf und damit auch die Aktie wieder vermehrte Bedeutung, da die abnorme Ausdehnung der öffentlichen Emissionen nach allenthalben erfolgter Einleitung des Sanierungsprogramms als abgeschlossen gelten kann.

Charakteristisch für diese ganze Periode bis 1924 ist ferner auch aus den erwähnten Ursachen das Zurücktreten der Aktienemissionen gegenüber der Ausgabe von Obligationen. Schließlich ist noch die außerordentliche Zunahme der Konversionen zu beachten. Sie ist eine Folge der Bevorzugung kurzfristiger Anlagen durch die Kapitalisten, einer Erscheinung, die ja schon in den letzten Kriegsjahren in der Verkürzung der Laufzeit der Anleihen zum Ausdruck kam, die seit 1918 aber in der vermehrten Ausgabe von ganz kurzfristigen Kassenscheinen — teilweise mit einer einjährigen Laufzeit — ihren prägnantesten Niederschlag fand.

Die Belastung des Kapitalmarktes durch öffentliche Anleihen übersteigt noch die Beanspruchung im Weltkriege. Es ist jetzt nicht nur der Bund, der mit ganz bedeutenden Summen an den Markt herantritt, sondern es kommen auch noch die schweizerischen Bundesbahnen mit großen Beträgen und die Kantone mit vermehrten Ansprüchen hinzu. Im einzelnen ergibt sich folgendes Bild (in Millionen Franken):

	1919	1920	1921	1922	1923	1924	1925	1926
Bund	226	214	260	495	296	77	130	100
Bundesbahnen	97	113	210	127	94 1/2	147	175	—
Kantone	151	167	140	96	117	127	105	38
Gemeinden	83	40	54	26	68	54	85	47
Zusammen	557	534	664	744	575 1/2	405	495	185

Das Erscheinen der Bundesbahnen mit solchen Ansprüchen am Kapitalmarkt ist neben der Deckung der Betriebsdefizite vor allem auf die Durchführung des Elektrifizierungsprogramms vom Jahre 1918 zurückzuführen. Um die schweizerische Handelsbilanz durch Einschränkung der Kohleneinfuhr zu entlasten, wollte man den größten Teil des schweizerischen Bahnnetzes auf elektrischen Betrieb, unter Aufwendung von 750 Millionen Franken Kosten, umstellen.

Die größeren Anleiheaufnahmen der Kantone sind vorzugsweise auf die Vermehrung der sozialen Lasten, auf Unterstützung Arbeitsloser usw. zurückzuführen, schließlich auch auf die allgemeine Preiserhöhung, die zur Erstellung produktiver Anlagen erhöhte Aufwendungen erforderlich machte, und letzthin auch auf das Bedürfnis der Kantonalbanken nach Erhöhung der Dotationskapitalien. Bei den Gemeinden, deren Kapitalbedarf verhältnismäßig auch nicht gering erscheint, liegen ähnliche Gründe für die wachsende Verschuldung vor. Die sozialistische Welle, die das ganze Land bei und nach Kriegsende überflutete, führte gerade hier zu einer beträchtlichen Ausdehnung der mehr oder weniger unproduktiven Ausgaben. Erst in allerjüngster Zeit begann man, die Gefahren einer überhandnehmenden Verschuldung zu erkennen und mit Sanierungsmaßnahmen dagegen anzugehen. Der Rückgang der Anleiheaufnahmen der Kantone und Gemeinden im Jahre 1922 ist nur eine Folge der Erschöpfung des Marktes durch die Emissionen des Bundes.

Um einen kurzen Überblick über die Verfassung des Kapitalmarktes zu geben, seien hier kurz die großen Anleihen des Bundes und der Bundesbahnen angeführt. Die Verzinsung und die Form dieser Anleihen kann als typisch gelten für den gesamten Markt. Die Kantone und Gemeinden müssen sich diesen Vorbildern anpassen, nur mit der Maßgabe, daß die von ihnen gewährte Verzinsung in der Regel $^1/_2$% höher liegt als die vom Bunde gewährte. Natürlich gibt es Kantone und Gemeinden mit ungünstiger Finanzlage, die größere Zugeständnisse machen müssen, um ihre Emissionen unterzubringen, während einzelne größere Kantone sich den von der Eidgenossenschaft gewählten Bedingungen weiter nähern können. Kennzeichnend für die gesamte Marktlage ist aber, daß die langfristige Tilgungsanleihe überall verschwindet und daß man auch nicht mehr von dem System der kleinen Anleihen reden kann. Seit etwa 1922 handelt es sich für sämtliche Schuldner vorzugsweise darum, die in den Vorjahren aufgenommenen schwebenden Schulden zu konsolidieren, wobei Anleihen mit 10jähriger Laufzeit noch die Regel, solche mit höherer Laufzeit mehr Ausnahmen bilden.

Der Waffenstillstand brachte zunächst keinen Abbau der Wirtschaftseinrichtungen des Staates, vielmehr benötigte der Bund hierfür noch neue Mittel, die er sich im Jahre 1919 durch Ausgabe von 5proz. Kassenscheinen verschaffte. Infolge Unterpari-Emission stellte sich das Erträgnis aber bereits auf $5^1/_2$%. Der Fortfall der Mobilmachungskosten brachte nicht die gewünschte Erleichterung, da die Staatsbedürfnisse wider Erwarten nicht zurückgingen, sondern bei der wachsenden Teuerung noch zunahmen und steigende Fehlbeträge in der Staatsrechnung hinterließen. Die Bundesbahnen belasteten den Markt durch Ausgabe einer 5proz. Anleihe von 100 Millionen Franken, die aber nicht als Tilgungsanleihe ausgestaltet wurde, sondern ebenso wie die im Jahre 1918 ausgegebenen 50 Millionen Franken bereits im Jahre 1928 rückzahlbar war.

Das Jahr 1920 brachte zunächst 5proz. Kassenscheine der schweizerischen Bundesbahnen mit einer Laufzeit von 3—5 Jahren; dann aber mußte der Bund ebensolche Kassenscheine mit einer 6proz. Verzinsung ausgeben, um die zur Lebensmittelversorgung 1918/19 ausgegebenen Kassenscheine wieder auszulösen, da die Erlöse aus der wenige Monate vorher aufgenommenen Amerika-Anleihe und die Erträgnisse aus der Bestandsverminderung der Zivilversorgung hierzu nicht ausreichten.

Es war dies die Zeit, wo das Publikum zögerte, seine verfügbaren Gelder fest anzulegen, da sich ihm von Woche zu Woche günstigere Anlagegelegenheiten boten. Andererseits verursachte die andauernde

Hinaufsetzung des Zinsfußes einen außerordentlichen Rückgang der alten, niedrig verzinslichen Anleihen und als Folge davon riesige Kursverluste. Erstklassige Obligationen warfen in dieser Zeit unter Berücksichtigung des Gewinnes zwischen der Übernahme zu den Marktkursen und den Rückzahlungsbeträgen oft eine Verzinsung bis zu 8% ab. Durch diese Kursverluste wurde das Publikum von langfristigen Anlagen förmlich abgeschreckt, so daß der Markt von den nur wenige Jahre laufenden Kassenscheinen beherrscht wurde. Bei den Schuldnern sprach hier der Wunsch mit, die hochverzinslichen Schulden möglichst bald wieder bei günstigeren Geldverhältnissen in niedriger verzinsliche Anleihen umwandeln zu können. Vergleicht man die schweizerischen Verhältnisse mit den Zuständen auf dem amerikanischen Kapitalmarkte oder auf dem anderer, valutastarker europäischer Länder, so findet man, daß dort die Zinssätze selbst guter Neuemissionen noch höher waren.

Die im Herbst 1920 einsetzende Weltwirtschaftskrisis vermochte wohl auf dem Geldmarkte, nicht aber auf dem Kapitalmarkte Erleichterung zu bringen. Man empfand, daß die Neubildung von Kapital aufgehört hatte, daß aber die Ansprüche des Staates bestehen blieben. Daher blieb der Bund für seine Finanzbedürfnisse im Jahre 1921 bei der Ausgabe von 6proz. Kassenscheinen. Die Bundesbahnen kamen mit ihrer ersten Elektrifizierungsanleihe in Höhe von 210 Millionen Franken, ebenfalls zu 6% verzinslich, aber erst 1931 rückzahlbar, heraus. Wenn man sich vor Augen führt, daß vor dem Weltkriege eine Emission in Höhe von etwa 30 Millionen Franken als eine große Belastung des Kapitalmarktes empfunden wurde, so muten diese Zahlen, besonders aber die des Jahres 1922, geradezu grotesk an. In diesem Jahre hatte die aus den bekannten Ursachen entstandene Geldflüssigkeit auch auf den Kapitalmarkt übergegriffen. Man hat aber damals verkannt, daß die Erleichterung nicht aus der Verfassung des Kapitalmarktes an sich hervorgegangen war, sondern nur auf die Verwendung brachliegender kurzfristiger Mittel zurückzuführen war, denen der Geldmarkt bei einem den Satz von 1% streifenden Privatdiskont keine lohnende Beschäftigung bot. Dieses Jahr 1922 zeigt einen ganz scharfen Fall des Zinsfußes. Nachdem im Januar der Bund eine 1930 rückzahlbare $5^1/_2$proz. Anleihe von nicht weniger als 300 Millionen Franken untergebracht hatte, gingen die Bundesbahnen im Juni mit ihrer 150 Millionen-Franken-Anleihe zum $4^1/_2$proz. Zinsfuß über. Im September glaubte es sich der Bund sogar leisten zu dürfen, mit einer 4proz. Anleihe in Höhe von 200 Millionen Franken herauszukommen. Die unmittelbar darauf infolge der Vermögensabgabe-Initiative einsetzende Kapitalauswanderung zeigte grell das Künstliche dieser Zinssenkung, sie bewies vor allem, daß der Kapitalmarkt nur durch die Beschäftigungslosigkeit der Wirtschaft in den Zustand der Flüssigkeit versetzt war, daß aber ein tatsächlicher Überfluß an Kapital nicht vorhanden war.

Trotzdem die letzte 4proz. Anleihe des Bundes schon recht schlecht untergebracht war, versuchten die Bundesbahnen, in der ersten Hälfte des Jahres 1923 ihre dritte Elektrifizierungsanleihe in Höhe von 120 Millionen Franken noch mit einem 4proz. Zinsfuß, allerdings bei erheblicher Unterpari-Emission, auszugeben. Mitte des Jahres gab hingegen der Bund schon wieder $4^1/_2$proz. Kassenscheine aus mit 4- und 5jähriger Laufzeit, die bei Unterparibegebung einen Ertrag von rund 5% gewährten. Im November entschloß sich dann der Bund, bei einer Anleihe von 100 Millionen Franken, zum 5proz. Zinstypus überzugehen.

Nachdem seit 1924 die baldige Stabilisierung der Bundesfinanzen gesichert erscheint, hat die Laufzeit der Anleihen von 10 Jahren für die 1924 ausgegebenen, auf 15 Jahre für die 1925 ausgegebenen erstreckt werden können. Die Bundesbahnen haben im Februar/März 1924 die vierte 5proz. Elektrifizierungsanleihe in Höhe von 150 Millionen Franken zu $98^1/_4$ und im Januar 1925 eine weitere 5proz. Elektrifizierungsanleihe in Höhe von 175 Millionen Franken zu 98% aufgenommen, von denen die letztere einen bedeutend besseren Absatz fand als die erstgenannte. Die neuen Anleihen des Bundes — 80 Millionen Franken 5proz. Anleihe zu einem Ausgabekurs von 96% im September 1924 und 130 Millionen Franken 5proz. Anleihe zu 98% im Juni 1925 — haben überwiegend zur Konversion von älteren Anleihen oder Kassenscheinausgaben gedient. Die im Jahre 1926 zum Kurse von 98% herausgebrachte Anleihe des Bundes in Höhe von 100 Millionen Franken diente ausschließlich zur Konversion der fünften, $4^1/_2$proz. Mobilisationsanleihe von 1916; die Bundesbahnen traten an den schweizerischen Kapitalmarkt 1926 selbst nicht einmal mit Konversionen heran. Die Verlängerung der Laufzeit ist das Ergebnis ruhigerer Verhältnisse auf dem Kapitalmarkt und die Folge der Einsicht, daß ein schneller Abbau der Zinssätze, wie im Jahre 1922, nicht zu erwarten ist, sondern daß bei der gegenwärtigen Kapitalknappheit in den meisten, an der Weltwirtschaft beteiligten Ländern voraussichtlich noch auf Jahre hinaus mit keiner wesentlichen Verschiebung des Zinsniveaus zu rechnen sein wird.

e) Kapitalmarkt und privater Kreditbedarf. Die Anleihen privater Unternehmungen haben sich selbstverständlich der geschilderten Marktlage anpassen müssen. Die Verzinsung ist je nach Art und Güte des Schuldners höher. Industrieunternehmungen mußten sich 1920 zu einem 7—8proz. Zinsfuß bequemen, ja sie gingen vereinzelt sogar darüber hinaus. Die Anleihen liefen ebenfalls nur wenige Jahre, so daß 1925 schon Konversionen solcher hochverzinslicher Anleihen vorkommen. Seit 1925 ist für die Industrie eine 6proz. Verzinsung der Anleihen als das Übliche zu betrachten, bei einer Laufzeit, die zwischen 10 und 20 Jahren schwankt. Im Jahre 1926 konnten gute Industrieunternehmungen bei Unterpari-Emission auch schon wieder mit 5proz. Typen herauskommen.

Der Umfang der privaten Emissionen zeigt deutlich die Abhängigkeit vom Konjunkturverlauf. Die Jahre 1919 und 1920 weisen den größten Kapitalbedarf der Industrie auf, der sowohl durch Ausgabe von Obligationen wie auch von neuen Aktien gedeckt wird. Von 1921 ab hört die Aktienemission fast vollständig auf. Mit diesem Jahre beginnt die Ära der Sanierungen, die sich nicht nur auf die Industrieunternehmungen, sondern vor allem auch auf die Trusts erstrecken. Die Banken haben 1919 und 1920 ihre Gesellschaftskapitalien noch in größerem Umfange erhöht, um ihre eigenen Mittel den bedeutend gestiegenen fremden Geldern anzupassen. Die Trustunternehmungen erschienen fast gar nicht mit Neuaufnahmen am Kapitalmarkt, nur wenige, in valutastarken Ländern arbeitende Gesellschaften waren in der Lage, sich neue Mittel zu beschaffen.

In den Jahren 1919—1924 nahmen also nicht dieselben Unternehmungen den Kapitalmarkt in Anspruch wie vor 1914. Nur die Elektrizitätsindustrie hat in der Nachkriegsepoche größere Kapitalansprüche gestellt als vor 1914. Einmal ist das auf den technischen Fortschritt in dieser noch jungen Industrie zurückzuführen, dann aber auch vor allem auf das Bemühen, sich möglichst von den Kohlennöten, unter denen die Schweiz bis 1920 ja so schwer zu leiden hatte, durch Ausnutzung der im Lande vorhandenen Wasserkräfte, frei zu machen. Bei dieser Bewegung ist zu berücksichtigen, daß ein Teil der Kraftwerke, die zu diesem Zwecke erstellt wurden, gerade in der teuersten Zeit gebaut worden sind und daß sie daher in Zukunft Schwierigkeiten haben werden, eine Verzinsung des investierten Kapitals herauszuwirtschaften. Anzeichen dafür, daß eine überstürzte Entwicklung durch die Unwirtschaftlichkeit mancher Werke schon jetzt, nach verhältnismäßig kurzer Zeit, zu Kapitalverlusten führt, sind bereits vorhanden. Auch in dieser Periode scheidet, wie während des Weltkrieges, die Fremdenindustrie mit Kapitalaufnahmen völlig aus. Weder Hotellerie noch Bergbahnen sind in der Lage, neues Kapital an sich zu ziehen. Jedoch sind gerade diese Geschäftszweige in Verbindung mit den oben erwähnten Trustgesellschaften, die Hauptobjekte der Sanierungen, die freilich oft auch eine Zuführung neuer Geldmittel erforderlich machen. Während die Hotelindustrie weniger von Kapitalgesellschaften betrieben wird und ihre Bedeutung für den Kapitalmarkt vorzugsweise auf der hypothekarischen Verschuldung beruht, kommen bei den anderen, eben aufgeführten Unternehmungen die Verluste an in Gestalt von Obligationen und Aktien aufgenommenem Leihkapital in Frage.

Bei manchen Bergbahnen und Trusts — darunter auch größten Unternehmungen, wie z. B. der Bank für elektrische Unternehmungen — ist der fast vollständige Verlust des Stammkapitals zu verzeichnen. Die letzterwähnte Gesellschaft hat sogar zwei tief einschneidende Sanierungen vornehmen müssen. Manche Gesellschaften, die durch Währungsverluste besonders hart betroffen waren, zogen es vor, nicht bis 1940 eine, die finanzielle Bewegungsfreiheit außerordentlich hindernde Unterbilanz mit sich zu schleppen, wie es die Bundesratsverordnung von 1919 über die Bilanzierung des Währungsausfalls ermöglicht hätte, sondern durch einschneidende Kapitalzusammenlegungen sich den neuen Verhältnissen anzupassen. Das Bankgewerbe erlitt derartige Verluste nur bei wenigen Gesellschaften, die durch den Besitz von ausländischen Hypothekenforderungen in solche Schwierigkeiten gerieten, daß sie liquidieren mußten. Die Kreditbanken blieben von großen Zusammenbrüchen verschont; die Sanierung der A.-G. Leu & Cie. — einer der acht schweizerischen Großbanken — mußte ebenfalls infolge ihrer Verluste am Auslandshypothekengeschäft durchgeführt werden. Allerdings hat man in den Jahren 1923 und 1924 manchmal auch zu schwarz gesehen; die deutsche Aufwertungsgesetzgebung und die Regelung der Valutaschulden deutscher Städte haben wenigstens einen Bruchteil der oft schon abgeschriebenen Verluste wieder hereingebracht. So hat sich 1926 die Bank für elektrische Unternehmungen infolgedessen sogar als „übersaniert" erwiesen.

Es sind aber nicht etwa nur solche Währungsverluste gewesen, die die Gesellschaften in Mitleidenschaft gezogen haben. Auch verkehrte Finanz- und Ausdehnungspolitik hat einigen Gesellschaften schwere Verluste bereitet. Wenn diese Gruppe auch nicht so zahlreich ist, so findet sich immerhin ein so bedeutendes Unternehmen darunter, wie die Nestlé Anglo-Suiss condensed Milk-company. Diese Gesellschaft, deren Hauptfabrikationsstätten sich in den Vereinigten Staaten befinden, hatte bis zum Jahre 1920 ihr Friedensaktienkapital vervierfacht, unter Heranziehung der Obligationenausgabe ihr Gesamtkapital insgesamt verdreifacht, während ihr Produktionsvermögen nur um das Doppelte gewachsen war. Die Weltwirtschaftskrisis im Jahre 1920 erwies den Weltmarkt nicht mehr aufnahmefähig für die vermehrte Erzeugung; die Gesellschaft erlitt an ihren Beständen derart riesige Verluste, daß sie sich gezwungen sah, ihr Aktienkapital von 160 Millionen Franken auf 80 Millionen Franken zusammenzulegen. Es muß noch besonders betont werden, daß dies Papier von jeher nicht etwa als Spekulationspapier, sondern als sicheres Anlagepapier galt, das sich auch vielfach in den Händen kleinerer Kapitalisten befand.

Schließlich wäre noch zu erwähnen, daß einige Industrieunternehmungen, die ihre Gründung nur der Kriegskonjunktur zu verdanken hatten, sich in der Krisenzeit nicht als lebensfähig erwiesen und zum Teil unter völligem Verlust der in ihnen investierten Kapitalien wieder von der Bildfläche verschwanden. Doch dürften in der Schweiz als altem Industriestaat diese Verluste nicht so beträchtlich gewesen sein wie in manchem anderen neutralen Lande, wo eine Kriegsindustrie vielfach erst aus dem Nichts erstanden war, während der Schweiz ihre alte Erfahrung auf diesem Gebiet sehr zustatten kam. Die Hauptverluste sind der Schweiz sicher aus in Vorkriegszeiten gut rentierenden Anlagen erwachsen. Nur bei den Bergbahnen und der Hotelindustrie war schon damals mit einer Überkapitalisierung zu rechnen, die sich in der Nachkriegskrisis dann besonders erschwerend geltend machte.

Kennzeichnend für die Jahre 1921 bis 1923 sind die Kapitalherabsetzungen sowie die Schaffung von Vorzugsaktien. Es tauchen hier also dieselben Mittel finanzieller Rekonstruktionen auf, wie sie schon in der Krisis nach den Gründerjahren von der deutschen Industrie angewandt worden sind. Weiter kommen häufig in Anwendung die Umwandlung von Obligationen in kumulative Vorzugsaktien oder auch der Verzicht der Obligationäre auf ein festes Zinserträgnis und die Ausstattung der Schuldverschreibungen mit einem, vom Jahreserträgnis abhängigen Zinsanspruch. Mit dem Jahre 1924 dürfte im allgemeinen auch der Abschluß dieser Sanierungsperiode gekommen sein, so daß auch hier fortan mit einer ruhigeren Entwicklung zu rechnen ist. Die beiden folgenden Jahre zeigen wieder Aktienemissionen in bescheidenem Umfange, an denen neben der Industrie auch die Banken beteiligt sind.

Die Zunahme der öffentlichen Anleihen hat auf die Beschaffung der für den Hypothekarkredit benötigten Mittel lebhaft eingewirkt; sie hat eine Vermehrung der Spareinlagen nicht aufhalten können, aber dafür vorübergehend eine Verminderung der Bankobligationen herbeigeführt. Die Spareinlagen der Banken und Sparkassen stammen einmal von Besitzern kleinerer Kapitalien her und weiter vorzugsweise aus ländlichen Kreisen. Es sind aber auch vielfach Beträge, die sonst auf dem Geldmarkt oder als Betriebsmittel von Handels- und Gewerbeunternehmungen Verwendung fanden, nicht nur zur Anlage in Effekten verwandt worden, sondern haben auch als Spareinlagen bei Banken und Sparkassen Unterkunft gesucht. Der Nachteil einer geringeren Verzinsung gegenüber der der Kassaobligation wurde für solche Gelder aufgewogen durch die Möglichkeit, Spareinlagen eher wieder flüssig machen zu können als diese Obligationen. Die Zunahme der Spareinlagen, die sich folgendermaßen gestaltet hat (in Millionen Franken):

	1919	1920	1921	1922	1923	1924	1925
Bestand	2621	2731	2831	3034	3248	3266	3410
Zunahme gegen das Vorjahr	284	110	100	203	214	18	144

ist daher bis etwa 1923 nicht als reiner Kapitalzuwachs anzusehen, sondern mehr auf eine Verschiebung der Anlageart zurückzuführen. Die Kapitalvermehrung ist zudem als äußerst gering anzusehen, besonders wenn man den Zinszuwachs mit berücksichtigt. Seit 1924 ist mit einer vermehrten Verwendung der Spargelder zu Bauzwecken zu rechnen, was die Ansicht bestätigt, daß es sich bei den Zugängen der früheren Jahre vielfach nur um vorübergehend festgelegte Mittel handelte.

Die Bankobligationen weisen demgegenüber folgende Entwicklung auf (in Millionen Franken):

	1919	1920	1921	1922	1923	1924	1925
Bestand	4648	4633	4501	4407	4315	4645	4971
Zu- oder Abnahme gegen das Vorjahr	+139	—15	—132	—94	—92	+330	+326

Der anfängliche Rückgang ist besonders auf die in diesen Summen enthaltenen festen Anleihen zurückzuführen, die 1918 maximal 1142 Millionen Franken betrugen, 1923 aber nur noch 858 Millionen Franken. Da in erster Linie die Aktienhypothekenbanken, die besonders an der Gewährung von ausländischen Hypothekarkrediten mitgewirkt hatten, und die Trustgesellschaften an der Ausgabe langfristiger Anleihen beteiligt waren, so ist diese Abnahme leicht verständlich. Der Rückgang ist aber nicht nur durch die Kündigung langfristiger Anleihen, sondern besonders bei den Trusts auch durch deren völligen Verlust bzw. die Umwandlung in Vorzugsaktien herbeigeführt.

Die kurzfristigen Kassaobligationen haben bei den Kantonalbanken 1923 gegenüber 1919 sogar noch etwas zugenommen, während bei den Großbanken für diese Zeit ein beträchtlicher Rückgang festzustellen ist. Die Folge davon ist, daß die Kantonalbanken einen größeren Anteil am Obligationenbestande aufweisen als vor dem Weltkriege. Der Grund für diese Bevorzugung der Kantonalbanken ist in der größeren Sicherheit zu suchen, die das Publikum bei diesen, mit Staatsgarantie ausgerüsteten Instituten gerade in den Krisenzeiten als besonders wertvoll einschätzte. Der Rückgang der Obligationen bei den Großbanken beruht dagegen auf der zurückhaltenden Zinspolitik der Banken, die nicht eine gleiche Verzinsung boten wie die kurzfristigen öffentlichen Anleihen. In den Zeiten der größten Geldflüssigkeit, besonders im Jahre 1922, suchten die Banken sogar eine Neueinlage von Obligationengeldern nach Möglichkeit hintanzuhalten, da sie für diese keine entsprechende Verwendung hatten. Erst 1924 machte sich infolge der Wiederbelebung des Konsortial- und Kreditgeschäftes bei den Großbanken das Bestreben geltend, die verminderten Obligationenbestände durch eine weitherzigere Zinspolitik wieder aufzufüllen. Der große Zuwachs in den beiden letzten Jahren ist auf die geringe Beanspruchung des Marktes durch öffentliche Anleihen zurückzuführen. Die Kantonalbanken weisen mit fast 150 Millionen Franken jeweils beinahe die Hälfte des jährlichen Zuwachses auf.

Nur schwer hatten sich die Banken unter dem Einfluß der Kapitalknappheit der ersten Nachkriegsjahre dazu entschließen können, für ihre Obligationen über den 5proz. Zinsfuß hinauszugehen; dafür bürgerte sich mehr die Unterpari-Emission ein. Wenn auch die Banken 1922 den Zinsabbau bereitwilligst mitmachten, so weist dieses Jahr doch noch mit 31% den höchsten Prozentsatz der über 5% verzinslichen Obligationen auf. Nur zögernd gingen die Banken im folgenden Jahr vom $4^1/_2$proz. zum 5proz. Typus über, dem 1925 sogar anfangs der $5^1/_2$proz. Typus folgte. Doch war diese letztere Hinaufsetzung nur vorübergehend. Einer allzu starken Senkung bis auf $4^1/_2$% folgte gegen Ende des Jahres 1926 wieder eine Steigerung des Zinsfußes auf $4^3/_4$%. Ebenso wie bei dem Zinstypus der öffentlichen Anleihen scheint sich auch hier eine Konsolidierung der Zinsverhältnisse anzubahnen.

In der hier behandelten Periode haben sich die Hypothekenbestände der Banken in folgendem Ausmaße vermehren können (in Millionen Franken):

	1919	1920	1921	1922	1923	1924	1925
Bestand	4382	4436	4581	4760	5030	5257	5540
Zunahme gegen das Vorjahr		54	145	179	270	227	283

Bis zum Jahre 1922 handelt es sich vorzugsweise um die Übernahme alter Hypotheken durch die Banken, also um die Fortdauer einer Bewegung, die man bis in die letzten Vorkriegsjahre zurückverfolgen kann. Seit 1923 ist wieder eine neue Belebung der Bautätigkeit zu verzeichnen, die zur vermehrten Schaffung neuer Hypotheken beigetragen hat. Bis dahin hatte die gesamte Bautätigkeit sich fast nur auf die Errichtung genossenschaftlicher Siedlungen beschränkt, deren Kapitalbedarf vorzugsweise durch den öffentlichen Kredit der Kantone und Gemeinden befriedigt werden mußte.

Schließlich hat die Erhöhung der Grundstückspreise auch in vielen Fällen eine erhöhte Beleihung mit sich gebracht. In den angegebenen Zahlen sind ferner die Auslandhypotheken, soweit sie nicht von Trust- und Überseebanken gegeben wurden, mit enthalten; deren Verminderung ist also bei dem Anwachsen des Gesamtbestandes noch mit in Rechnung zu stellen.

Die Vorschüsse auf festen Termin zeigen bei den schweizerischen Banken folgendes Bild:

	1919	1920	1921	1922	1923	1924	1925
Bestand	606	648	668	660	653	741	762
Zu- oder Abnahme gegen das Vorjahr	—3	+42	+20	—8	—7	+88	+21

In ihnen sind bekanntlich auch manche Hypothekendarlehen enthalten. Jedenfalls verändern diese Zahlen die Angaben über die Hypotheken selbst nicht in irgendwie einschneidender Weise.

Der Abriß über die Spareinlagen und Bankobligationen enthüllt aber auch gleichzeitig das Hauptproblem des Hypothekenmarktes in der Nachkriegszeit, nämlich das der Bereitstellung langfristigen Kredits für die Hypothekendarlehen. Nach dem oben über die Spargelder Gesagten bedeutet ihre vermehrte Heranziehung zur Gewährung von Hypothekarkrediten keine Gesundung der Verhältnisse. Die Kurzfristigkeit der Obligationen — während der Zeit der höchsten Kapitalanspannung wurde der 3—5jährige Typ zum Teil sogar durch den 1- bis 2jährigen ersetzt — übte bei dem steigenden Zinssatz einen scharfen Druck auf die Hypothekenzinsen selbst aus. Unter dieser Versteifung der Hypothekarzinssätze hatten die städtischen Miethausbesitzer, deren Einnahmen infolge der auch in der Schweiz durchgeführten Wohnungszwangswirtschaft mit der allgemeinen Preiserhöhung keineswegs Schritt gehalten hatten, sowie die Landwirtschaft, deren Lage sich nach Kriegsende wieder wesentlich verschlechtert hatte, schwer zu leiden. Unter dem Druck dieser Preise suchten die Banken 1922 und Anfang 1923 die Hypothekenzinssätze zu ermäßigen. Da aber die Obligationszinssätze — wie oben geschildert — bald wieder anzogen, gerieten manche Banken hierdurch in eine verlustbringende Lage. Daher hat sich auch dieser Zinsfuß der allgemeinen Bewegung wieder anpassen müssen, so daß seitdem wieder mit einer mindestens $5^1/_4$proz. Verzinsung erststelliger Hypotheken zu rechnen ist.

Diese mißlichen Zustände haben die schon während des Krieges wieder aufgelebte Diskussion über die zweckmäßige Beschaffung der Mittel für den Hypothekarkredit nicht zur Ruhe kommen lassen. 1919 wurde vom Bunde eine Expertenkommission berufen, um Vorschläge zur Lösung dieser Frage zu machen. Man einigte sich schließlich dahin, die Ausgabe eines einheitlichen, langfristigen Pfandbriefes vorzuschlagen, der von einer besonderen Organisation ausgegeben, und durch deren Vermittlung dann den einzelnen Bodenkreditinstituten die benötigten langfristigen Mittel zugeführt werden sollten. Die verschiedenen Interessen der am Hypothekengeschäft beteiligten Banken und kantonale Bedenken erschwerten eine befriedigende Lösung.

Eine durchgreifende Besserung ist ja auch — abgesehen von der gesetzlichen Regelung, die 1926 nur bis zur Vorlage eines Gesetzentwurfes an die parlamentarischen Körperschaften gediehen war — erst dann möglich, wenn die Lage des gesamten Kapitalmarktes die Emission eines langfristigen Pfandbriefes zu einem nicht zu hohen Zinssatze gestattet, d. h. einem Satze, der eine Senkung für einen längeren Zeitraum als nicht wahrscheinlich erscheinen läßt. Vielleicht trägt die erstarkte

Stellung der Kantonalbanken und der sonstigen staatlichen Hypothekarkreditanstalten, deren Anteil am bankmäßig betriebenen Hypothekengeschäft von 40% im Jahre 1906 auf fast 54% im Jahre 1925 gestiegen ist, zu einer befriedigenden Lösung dieses Problems bei.

V. Die Grundlinien der Marktveränderung seit Ausbruch des Weltkrieges.

Nachdem die vorhergehenden Ausführungen gezeigt haben, daß allenthalben die durch den Weltkrieg hervorgerufenen Umwälzungen auf dem Geld- und Kapitalmarkt neuerdings offensichtlich die Tendenz zeigen, die Märkte einer ruhigen Entwicklung zu überlassen, dürfte es hier noch am Platze sein, kurz die Maßnahmen zu betrachten, auf die diese neu gewonnene Basis zurückzuführen ist. Die Schweiz ist nicht als ein in sich geschlossenes Wirtschaftsgebiet anzusehen, ihre Verflechtung mit der Weltwirtschaft ist im Gegenteil derartig eng, daß sie allen Schwankungen der allgemeinen Wirtschaftslage aufs Unmittelbarste ausgesetzt ist. Die Lage der Schweiz ist daher während des Weltkrieges die denkbar schwierigste gewesen. Holland und den skandinavischen Staaten ist die Aufrechterhaltung der Neutralität und der Integrität der Wirtschaft auf Grund der gegebenen Verhältnisse sehr viel leichter geworden.

Es ist daher unbedingt der allgemein vertretenen Ansicht beizupflichten, daß die schweizerische Regierung mit Unterstützung der Nationalbank die wirtschaftspolitischen Interessen des Landes unter Ausnutzung der durch den Kapitalreichtum der Schweiz gegebenen Vorteile in geschickter Weise gewahrt hat. In einer Hinsicht ist vielleicht nur eine Einschränkung zu machen, daß die Nationalbank anfangs die Bevorschussung der Auslandguthaben schweizerischer Kaufleute zu sehr gefördert hat. Doch muß man berücksichtigen, daß es während des Krieges die allgemeine Auffassung war, die Valuten der kriegführenden Mächte würden sich nach Kriegsende wieder heben. Die Geldflüssigkeit der ersten Kriegsjahre hat die spekulative Belassung der Guthaben im Auslande befördert.

Jedenfalls steht diese Politik im engsten Zusammenhange mit der Verfassung des schweizerischen Geldmarktes in der Kriegszeit. Durch die Einbeziehung der Reskriptionen des Bundes in die Notendeckung der Nationalbank ist hier schon frühzeitig eine Überfülle des Geldmarktes eingetreten, die über die wirkliche Lage hinwegtäuschte. Der vermehrte Zustrom des Goldes hat es der schweizerischen Nationalbank ermöglicht, unter Aufrechterhaltung einer hohen Notendeckung den Anforderungen des Staates Genüge zu leisten. Die veränderten Zahlungsgewohnheiten brachten bald einen Mangel an guten Handelswechseln hervor, an ihre Stelle traten zum Teil die Reskriptionen. Die Spanne zwischen offiziellem und Privatsatz erweiterte sich derart, daß die Herrschaft der Nationalbank über den Diskontmarkt gefährdet wurde. Trotz dieser Lage entschloß sich die Nationalbank nicht, eine Verknappung des Marktes durch Abstoßung der Reskriptionen herbeizuführen; sie hätte sonst nicht mehr über die erforderliche Notendeckung verfügt.

Die schwierige Stellung der Nationalbank kam hauptsächlich erst nach Beendigung des Weltkrieges zum Ausdruck. Die außerordentlich große Nachfrage nach Dollars infolge der riesigen Importe aus den Vereinigten Staaten in den Jahren 1919 und 1920 drückte den Kurs des schweizerischen Franken unter Parität hinab. Die Nationalbank konnte, wie alle anderen europäischen Notenbanken, ihre Währung nicht in genügendem Umfange stützen, eine Tatsache, die angesichts der allgemeinen wirtschaftlichen Verhältnisse durchaus verständlich erscheint.

Dagegen hat die Nationalbank bei dem Währungsrückgang im Herbst 1922 sich zu passiv verhalten. Aus Rücksicht auf ihre Notendeckung hat sie in diesem Jahre außerordentlich große Zurückhaltung bei der Rediskontierung der Reskriptionen geübt, obwohl der Geldmarkt äußerst flüssig und die Spanne zwischen dem offiziellen Diskontsatz und dem Privatsatz — trotz des niedrigen offiziellen Satzes von 3% — auf beinahe 2% gestiegen war. Hätte die Nationalbank mehr Reskriptionen an den offenen Markt gebracht, so hätte dies entschieden ein Anziehen des Privatsatzes und damit auch eine verminderte Kapitalausfuhr bewirkt.

Obwohl sich die Devisenkurse ständig zu Ungunsten der Schweiz verschoben, schritt die Nationalbank erst am 14. VII. 1923 zu einer Heraufsetzung des Diskontsatzes. Erst einige Tage nach Durchführung der Londoner Diskonterhöhung entschloß sich also die Schweizerische Nationalbank zu derselben Maßnahme, da sie einsah, daß sie bei deren sich ständig verschlechternden Lage als einziges Land der Welt einen 3proz. Diskontsatz nicht aufrecht erhalten konnte. Die Nationalbank hat sich während dieser Zeit offensichtlich von dem Grundsatz leiten lassen, dem Lande mit Rücksicht auf die vorwiegend kapitalorientierte Industrie und der Landwirtschaft möglichst billigen Kredit zur Verfügung zu stellen. Weiter hat auch sicherlich die Rücksicht auf die Belastung der Staatsfinanzen durch eine Zinserhöhung dabei mitgespielt. Durch diese weitgehende Rücksichtnahme ist es freilich der Schweizerischen Nationalbank erst erheblich später möglich geworden, den Frankenkurs zu stabilisieren, als dies Schweden und Holland bei ihren Währungen durchgeführt haben.

Eine wesentliche Vorbedingung für die Aufrechterhaltung der Goldparität war freilich auch die Ordnung der Staatsfinanzen. Solange der Kapitalmarkt ständig für die Deckung der Staatsdefizite in Anspruch genommen wurde, waren die Gefahren einer Inflation nicht beseitigt. Auch hier ist eine durchgreifende Sanierung erst sehr spät erfolgt. Die Schweiz hat sich erst im Jahre 1916 zur Erhebung einer Kriegssteuer entschlossen, die wenigstens einen Teil der Mobilisationskosten deckte. Eine energischere Steuerpolitik wäre an sich damals durchaus möglich gewesen, wo es der Landwirtschaft und gewissen Teilen der Industrie recht gut ging. Es ist jedoch verständlich, wenn man von einer noch einschneidenderen Belastung der Gegenwart seinerzeit absah, um die Produktionskraft des Landes nicht zu sehr zu lähmen.

Auch die drei ersten Nachkriegsjahre weisen ebenfalls noch sehr erhebliche Fehlbeträge auf, während noch eine ganz bedeutende Anleiheaufnahme daneben hergeht. Zurückzuführen ist dieser Kapitalbedarf auf die staatlich organisierte Lebensmittelversorgung des Landes, die gleichzeitig mit einer Verbilligungsaktion des Staates für den heimischen Konsum verbunden war. Ferner verschlang die Arbeitslosenfürsorge ganz bedeutende Summen.

Unter der Einwirkung sozialistischer Anschauungen, die sich besonders nach 1918 geltend machten, hatten die Finanzen der Schweiz wie die auch fast aller anderen neutralen Länder schwer zu leiden. Die staatswirtschaftlichen Organisationen, wie die Anfang 1919 als Ersatz für die Kohlenzentrale gegründete Kohlengenossenschaft, der die Kohlenbeschaffung aus Belgien, England und Amerika nach dem Versagen der deutschen Einfuhr oblag, die Seeschiffahrtsunion, die im Februar 1919 gegründet, die überseeische Ein- und Ausfuhr der Schweiz durch eigenen Schiffahrtsbetrieb sicherstellen sollte, die Käseexportunion, der zwangsweise erfolgte genossenschaftliche Zusammenschluß der Käseexporteure, alle diese Organisationen erlitten schwere Verluste, die dem Staat zur Last fielen.

Erst die durch das unerwartete Hereinbrechen der Weltwirtschaftskrisis verursachten Verluste brachten eine Abkehr von diesen staatssozialistischen Tendenzen und als Folge davon eine strengere Steuer- und Zollpolitik, die aber jetzt bei der schlechten Konjunktur die Wirtschaft um so härter traf. Die Mobilisationskosten, die 1921 definitiv mit 1155,4 Millionen Franken festgestellt wurden, waren 1921 durch die Kriegsgewinn- und die Kriegssteuer bis auf 552 Millionen Franken, 1925 bis auf 347 Millionen Franken getilgt. Aber infolge der ständigen Budgetdefizite und der außerordentlichen Ausgaben hatte sich 1925 der Passivsaldo der Staatsrechnung auf über 1566 Millionen Franken erhöht, von denen allein 1219 Millionen Franken nicht auf die unmittelbaren Mobilisationskosten, sondern vorzugsweise auf die eben angeführten Ausgaben zurückzuführen sind.

Die Verschuldung des Staates war also inzwischen so weit vorgeschritten, daß man nur eine allmähliche Beseitigung des Defizits erstreben konnte. Erst nach Besserung der schlechten Wirtschaftslage, die den Fortfall mancher Ausgaben sozialer Art, vor allem den der Arbeitslosenfürsorge gestattete, konnte man an eine durchgreifende Sanierung der Finanzen denken. So hat der schweizerische Bundesrat im Februar 1925 einen systematischen Tilgungsplan für die Bundesschuld aufgestellt.

Damit wäre der Ausgangspunkt für eine neue Entwicklung der Staatsfinanzen gegeben und bei Einhaltung des Voranschlages im Jahre 1957 die Tilgung von rund 1 Milliarde Franken Bundesschulden durchgeführt. Ende 1925 betrug die gesamte Bundesschuld 2255 Millionen Franken, darunter 168 Millionen Franken schwebende Schulden. Für 1925 mußte die Eidgenossenschaft allein 116,6 Millionen Franken für die Verzinsung ihrer Schulden aufwenden, also fast $^1/_4$ ihrer Gesamtausgaben und mehr, als 1912 überhaupt die gesamte Bundesschuld betrug. Aus diesen Angaben allein kann man schon entnehmen, daß die Schweiz eine sehr weitgehende Anleiheaufnahmepolitik betrieben hat, von der man erst im letzten Augenblick, als eine uferlose Verschuldung einzusetzen drohte, abging.

Auch das Anwachsen der Schulden der Schweizerischen Bundesbahnen ist zu berücksichtigen, die von rund $1^1/_2$ Milliarden Franken auf 2,552 Milliarden Franken ohne Berücksichtigung der schwebenden Schulden gestiegen sind. Neben den Fehlbeträgen der Jahre 1914—1922 in Höhe von 317 Millionen Franken, die etwa zu $^1/_3$ durch Hinausschiebung der Tilgungsfrist der Anlagen von 60 auf 100 Jahre getilgt sind, spielen hier die Ausgaben für die Elektrifizierung der Bahnen die Hauptrolle. Vom finanztechnischen Standpunkte aus sind diese Maßnahmen in einem sehr ungünstigen Moment erfolgt. Es ist zum mindesten fraglich, ob die sozialpolitischen Rücksichten, die bei der Vornahme des Ausbaues in den teuren Nachkriegsjahren maßgebend waren neben dem Wunsche, die nationale Wirtschaft von den Kohlenbezügen aus dem Auslande unabhängiger zu machen, eine derart erhebliche Belastung des schweizerischen Kapitalmarktes auf die Dauer rechtfertigen. Jedenfalls ist der Hinweis auf die produktive Verwendung dieser Summen solange recht problematischer Natur, als die schweizerischen Bundesbahnen Mühe haben, einen Reinertrag herauszuwirtschaften. Das ständig drohende Defizit der Bundesbahnen kann sogar bei ungünstiger wirtschaftlicher Entwicklung den ganzen Schuldentilgungsplan des Bundes stark beeinträchtigen.

Es verbleibt also eine sehr viel größere Belastung des schweizerischen Kapitalmarktes mit öffentlichen Anleihen, die um so schwerer ins Gewicht fällt, als eine Übernahme dieser Beträge durch den internationalen Kapitalmarkt im Gegensatz zu den Vorkriegsverhältnissen nicht stattfindet. Damit sind also diese Beträge der Verwendung in Industrie und

Handel entzogen. Eine weitere Einbuße hat der Geld- und Kapitalmarkt durch die Verminderung der Forderungen an das Ausland erlitten, die man vielleicht nur mit der Hälfte der Vorkriegshöhe einzusetzen hat. Berücksichtigt man ferner die sicher noch auf Jahre hinaus äußerst schwierige Lage der Weltwirtschaft, die das schweizerische Wirtschaftsleben ebenfalls ungünstig beeinflußt, so ist daraus ersichtlich, daß vorerst in der Schweiz mit einer verhältnismäßig geringen Neubildung von Kapital zu rechnen ist.

Die größte Gefahrenquelle für den schweizerischen Geld- und Kapitalmarkt besteht aber in der noch nicht endgültig geklärten Zukunft der französischen Währung. Auf dem schweizerischen Markte befinden sich nämlich noch größere Beträge französischer Herkunft, die infolge der Inflationsgefahr aus ihrem Mutterlande geflüchtet sind. Hierauf ist der niedrige Privatdiskontsatz in der Schweiz mit zurückzuführen, der im Gegensatz zu den übrigen valutastarken Ländern — Vereinigte Staaten, England, Holland — noch nicht wieder die vorkriegsmäßige Entfernung vom offiziellen Diskontsatz gewonnen hat. Doch dürfte die Schweiz, nachdem das Gleichgewicht im öffentlichen Haushalt erreicht ist und der Münzumlauf des Landes endlich keine Verwicklungen mehr zu bringen droht, künftigen Schwierigkeiten, die von der angegebenen Seite her entstehen könnten — Italien bildet infolge der geringeren wirtschaftlichen Interessen der Schweiz an diesem Lande nicht die gleiche Bedrohung — heute ungleich besser gerüstet gegenüberstehen als 1922.

Index der Schweizer Börsen[1].

(Aus den Monatsberichten des Schweizerischen Bankvereins 1925, S. 188.)

Monatsende	(Nennwert in Millionen Franken) 45 Obligationen 1243,03 = 100 %	21 Aktien 592,9 = 100 %	Summe 1835,9 = 100 %
Dezember 1913	90,57	183,00	117,56
Juli 1914[2]	90,85	179,23	116,28
Juli 1916[2]	81,56	165,34	108,62
Dezember 1916	81,22	159,51	106,51
„ 1917	77,61	160,38	104,34
„ 1918	75,49	150,07	99,57
„ 1919	67,02	107,10	79,97
„ 1920	59,07	76,27	64,63
„ 1921	71,26	69,80	70,79
„ 1922	85,51	88,25	86,39
„ 1923	80,83	98,83	86,64
„ 1924	81,25	107,89	89,85

[1] Dieser Index umfaßt nur Titel, die schon vor dem Kriege in der Schweiz kotiert waren.

[2] Vorübergehend eingestellt infolge Schließung der Börsen.

Geltende Zinssätze der Schweiz.

(z. T. aus den Monatsberichten des Schweizerischen Bankvereins 1925, S. 30.)

	Jahresmittel											
	1913	1914	1915	1916	1917	1918	1919	1920	1921	1922	1923	1924
Offizieller Diskontsatz d. Schweiz. Nationalbank	4,81	4,34	4,50	4,50	4,50	4,75	5,32	5,00	4,44	3,39	3,47	4,00
Privatdiskontsatz	4,52	4,02	3,52	2,46	2,66	4,15	4,69	4,56	3,39	1,68	2,63	3,54
Unterschied	0,29	0,32	0,98	2,04	1,84	0,60	0,63	0,44	1,05	1,71	0,84	0,46
Lombardsatz der Schweizerischen Nationalbank	5,31	5,13	5,00	5,00	5,00	5,37	6,00	6,00	5,44	4,39	4,47	5,00
Hypothekarsatz der Basler Kantonalbank						4,75		5,00	5,25			
I. Hypotheken	4,50	4,50	4,75	4,75	4,75	5,00	5,00	5,25	5,50	5,50	5,25	5,25
II. Hypotheken	4,75	5,00	5,00	5,00	5,00	5,00	5,25	5,25	5,50	5,75	5,50	5,50
Mittl. Obligationenzins						5,25		5,50	5,75			5,75
der Basler Kantonalbank	4,09	4,16	4,40	4,61	4,64	4,72	4,72	4,87	4,97	5,07	5,04	—
des Schweizerischen Bankvereins	4,25	4,31	4,45	4,77	4,86	4,92	4,97	5,05	5,20	5,11	4,90	4,94
Mittl. Kurse der $3^1/_2$proz. S.B.B., Serie A—K	88,05	89,05	78,35	76,99	76,52	72,66	70,11	57,77	65,50	79,98	81,41	77,42

Neuemissionen in der Schweiz (ohne kurzfristige Bankobligationen, in Millionen Franken).

(aus den Monatsberichten des Schweizerischen Bankvereins 1925, S. 32, und 1927, S. 2).

	1913	1914	1915	1916	1917	1918	1919	1920	1921	1922	1923	1924	1925	1926
Obligationen	325	336	384	381	389	640	645	651	768	825	673	592	681	627
(davon ausländische Staaten)											20	72	79	298
÷ Konversionen	9	97	48	72	90	61	30	115	137	176	328	184	298	268
Baremissionen	316	239	336	309	299	579	615	536	631	649	345	408	383	359
Aktien	16	32	1	77	93	169	142	100	24	17	40	41	44	240
Insgesamt	332	271	337	386	392	748	757	636	655	666	385	449	427	599

Schwankungen der wichtigsten Posten der Schweizerischen Nationalbank.

(Aus den Monatsberichten des Schweizerischen Bankvereins 1927, S. 33.)

Mittel	(in Millionen Franken)				Metalldeckung (in Prozent)	Portefeuille (in Millionen Franken)
	Notenumlauf	Metallbestand				
		insgesamt	Gold	Silber		
1913	272	193	170	23	71,09	102
1914	335	212	195	17	63,33	148
1915	410	289	241	48	70,57	137
1916	430	325	271	54	75,63	168
1917	536	397	344	53	74,15	197
1918	733	432	377	55	58,98	343
1919	906	516	451	65	57,00	435
1920	934	627	534	93	67,16	329
1921	925	667	544	123	72,09	331
1922	817	643	532	111	78,71	306
1923	875	632	532	100	72,17	323
1924	850	613	519	94	72,08	253
1925	798	575	486	89	72,10	276
1926	769	515	429	86	66,96	303

Devisenkursschwankungen in der Schweiz.

(Aus den Monatsberichten des Schweiz. Bankvereins 1924, S. 264, und 1927, S. 33.)

Mittel	Wechselkurs auf				
	Paris	London	New-York	Holland	Deutschland
	Münzparität				
	100,— Schw. Fr. = 100,— fr. Frs.	25,22 Schw. Fr. = 1 £	5,18 Schw. Fr. = 1 $	208,32 Schw. Fr. = 100 hfl	123,46 Schw. Fr. = 100,— ℳ
1913	100,25	25,31	5,19	208,71	123,67
1914	100,39	25,26	5,16	209,33	120,34
1915	95,95	25,39	5,33	216,04	109,27
1916	88,78	24,91	5,22	217,69	92,67
1917	82,88	22,77	4,77	198,66	72,08
1918	78,15	20,89	4,38	203,68	74,07
1919	75,39	23,37	5,28	206,21	34,50
1920	41,09	21,73	5,96	203,21	10,28
1921	43,04	22,21	5,78	194,41	7,06
1922	42,85	23,24	5,24	202,24	1,20
1923	33,58	25,34	5,54	216,70	—[1]
1924	28,31	24,22	5,33	209,40	1,24[2]
1925	24,58	24,98	5,17	207,65	123,08
1926	16,75	25,15	5,18	207,58	123,21

[1] Wegen Veränderung der Notierungseinheiten keine Mittelkurse ausgerechnet.
[2] Für 1 Billion.

Literaturverzeichnis.

Jöhr, A.: Die schweizerischen Notenbanken. Zürich 1914.
Stampfli, A.: Die schweizerischen Kantonalbanken. Zürich 1924.
Wetter, E.: Die Lokal- und Mittelbanken der Schweiz. Zürich 1914.
Jenne, W.: Die Spar- und Leihkassen der Schweiz. Zürich 1914.
Weber-Schurter, J.: Die schweizerischen Hypothekenbanken. Zürich 1914.
Burckhardt, C. F. W.: Zur Geschichte der Privatbankiers in der Schweiz. Zürich 1914.
Lüscher-Burckhardt, R.: Die schweizerischen Börsen. Zürich 1914.
(Sämtlich herausg. aus Anlaß der Schweizerischen Landesausstellung, Bern 1914.)
Allizé, F.: L'organisation des banques en Suisse. Paris 1923.
v. Arx, O.: Das Liquiditätsproblem im Handelsbankwesen. Zürich 1915.
Blaum, K.: Das Geldwesen der Schweiz seit 1798. Straßburg 1908.
Jöhr, A.: Die Valutaentwertung und die Schweiz. Zürich 1920.
Just, R.: Die Geldinflation. Jena 1921.
Kellenberger, E.: Wechselkurs und Zahlungsbilanz im Krieg und Frieden. Zürich 1919.
Kellenberger, E.: Geldumlauf und Thesaurierung. Zürich 1920.
Kurz, H.: Die Großbanken im schweizerischen Wirtschaftsleben. Zürich 1922.
Landmann, J.: Das schweizerische Bankgesetz. Zürich 1905.
— Bankpolitische Tagesfragen. Basel 1913.
— (Art.) Das schweizerische Bankwesen (im Handwörterbuch der Staatswissenschaften, 4. Aufl., Bd. 2).
Laepple, V.: Das schweizerische Emissionsgeschäft. Basel 1923.
Prion, W.: Der internationale Geld- und Kapitalmarkt nach dem Kriege. München und Leipzig 1918.
Schweizer, A.: Die Stellung der Aktienhypothekenbanken in der schweizerischen Kreditorganisation. 1919.
Seitz, H. K.: Schweizerische Anleihepolitik in Bund, Kantonen und Gemeinden. Zürich 1915.
Stahel, A.: Das Wechseldiskontgeschäft der schweizerischen Banken. Bern 1915.
Stampfli, A.: Die Bilanz der schweizerischen Nationalbank. Zeitschr. f. handelswissenschaftliche Forschung Jg. 4, S. 357ff.
Stucki, W.: Die schweizerischen Effektenbörsen während und nach dem Weltkriege. Zürich 1924.
Voigt, O.: Zur Industriepolitik der schweizerischen Großbanken. Weinfelden 1922.
Wetter, E.: Bankkrisen und Bankkatastrophen der letzten Jahre in der Schweiz. Zürich 1918.
Zollinger, W.: Die Bilanz der internationalen Wertübertragungen. Jena 1914.
Handwörterbuch der schweizer. Volkswirtschaft, herausg. von N. Reichesberg.
Das schweizerische Bankwesen (in den Jahren 1906ff. bis 1925). Herausgegeben vom statistischen Bureau der Schweizerischen Nationalbank.
Jahresberichte und Generalversammlungsprotokolle der schweizerischen Bankiervereinigung.
Monatsberichte des Schweizerischen Bankvereins.
Monatsbulletins der Schweizerischen Kreditanstalt.
Geschäftsberichte der Schweizerischen Nationalbank und der Schweizerischen Kreditanstalt.
Zeitschrift für Schweizerische Statistik und Volkswirtschaft.
Schweizerische Blätter für Handel und Industrie.
Frankfurter Zeitung.
Neue Zürcher Zeitung.

Bank- und finanzwirtschaftliche Abhandlungen (Fortsetzung)

Siebentes Heft: **Die Reformmöglichkeiten des reichsbehördlichen Zahlungsverkehrs.** Von Dr. rer. pol. **Karl Koch.** Mit 3 Textabbildungen. V, 85 Seiten. 1927. RM 5.40

Inhaltsübersicht: Einleitung. — Die gegenwärtige Organisation des Reichskassenapparates und seines Zahlungsverkehrs. — Die Reformmöglichkeiten des behördlichen Zahlungsverkehrs und seiner Organe. — Grundlagen eines behördlichen Kassengroßbetriebes mit maschinellem Arbeitssystem. — Zusammenfassung des Untersuchungsergebnisses. — Schlußbemerkung.

Achtes Heft: **Die Notendeckungsvorschriften der wichtigsten Zentralnotenbanken.** Von Diplom-Kaufmann Dr. **Hans Deckert** in Düsseldorf. Mit 4 Textabbildungen. IV, 80 Seiten. 1926. RM 5.10

Inhaltsübersicht: Die Notendeckungsvorschriften vor dem Kriege: Aufgaben, Gesetzliche Regelung, Notenbankpolitik und Notendeckungsvorschriften. — Die Notendeckungsvorschriften von 1914 bis 1925: bei den alten Zentralnotenbanken, bei den neu gegründeten Zentralnotenbanken. — Der volkswirtschaftliche Wert der Notendeckungsvorschriften.

Neuntes Heft: **Doppelte Buchführung und Maschinenbetrieb in der Depotabteilung.** Von Dr. **Maria Rasch.** IV, 35 Seiten. 1927. RM 2.40

Inhaltsübersicht: Begriff und Zweck der Depotbuchhaltung. — Depotbuchhaltung und doppelte Buchführung. — Die Anwendung von Maschinen in der doppelten Buchführung der Depotabteilung.

Wirtschaftswissenschaftliche Leitfäden

Erster Band: **Angebot und Nachfrage.** Von **Hubert D. Henderson,** M. A., Dozent für Volkswirtschaftslehre an der Universität Cambridge. Mit einem Vorwort von J. M. Keynes. Deutsch herausgegeben von Dr. Melchior Palyi, Privatdozent an der Handelshochschule Berlin. Mit 2 Abbildungen. VII, 155 Seiten. 1924. RM 3.90

Zweiter Band: **Das Geld.** Von **D. H. Robertson,** M. A., Dozent am Trinity College Cambridge. Deutsch herausgegeben von Dr. Melchior Palyi, Privatdozent an der Handelshochschule Berlin. VII, 149 Seiten. 1924. RM 3.90

Dritter Band: **Produktion.** Von **D. H. Robertson,** M. A., Dozent am Trinity College Cambridge. Deutsch herausgegeben von Dr. Melchior Palyi, Privatdozent an der Handelshochschule Berlin. V, 148 Seiten. 1924. RM 3.90

Vierter Band: **Bevölkerung.** Von **Harald Wright,** M. A., in Cambridge. Deutsch herausgegeben von Dr. Melchior Palyi, Privatdozent an der Handelshochschule Berlin. Mit einem Vorwort von J. M. Keynes. VIII, 150 Seiten. 1924. RM 3.90

Fünfter Band: **Einführung in die Finanzwissenschaft.** Von **Dalton Hugh,** M. A., D. Sc., Dozent an der Universität London, Mitglied des Englischen Unterhauses. Deutsch mit Anmerkungen von Dr. Hans Neisser in Berlin. XII, 182 Seiten. 1926. RM 4.80

Lebenslauf.

Am 15. Oktober 1894 wurde ich in Gadderbaum, Kreis Bielefeld geboren. Nach zweijährigem Besuch einer Vorschule absolvierte ich von Ostern 1904 bis Ostern 1913 das Gymnasium in Bielefeld, das ich am letztgenannten Termin mit dem Zeugnis der Reife verließ. Mein Studium der Jurisprudenz in Göttingen und Leipzig wurde durch meine Einziehung zum Heeresdienst vom Januar 1915 bis Dezember 1918 unterbrochen. Ostern 1919 gab ich infolge der unsicheren Verhältnisse das Studium auf, machte eine Lehrzeit bei einer Bank durch und war bis August 1923 an verschiedenen Plätzen als Bankbeamter tätig. Im Herbst 1923 wandte ich mich dem Studium der Betriebswirtschaftslehre an der Universität Köln zu und legte dort im Februar 1925 die kaufmännische Diplomprüfung ab.

GPSR Compliance

The European Union's (EU) General Product Safety Regulation (GPSR) is a set of rules that requires consumer products to be safe and our obligations to ensure this.

If you have any concerns about our products, you can contact us on ProductSafety@springernature.com

In case Publisher is established outside the EU, the EU authorized representative is:

Springer Nature Customer Service Center GmbH
Europaplatz 3
69115 Heidelberg, Germany

Batch number: 10844675

Printed by Printforce, the Netherlands